体育游戏训练艺术

章华夏　著

北京体育大学出版社

策划编辑：仝杨杨
责任编辑：吴海燕　仝杨杨
责任校对：韩培付
版式设计：李　鹤

图书在版编目（CIP）数据

体育游戏训练艺术 / 章华夏著. -- 北京 : 北京体育大学出版社, 2021.4（2021.12重印）
ISBN 978-7-5644-3382-6

Ⅰ. ①体… Ⅱ. ①章… Ⅲ. ①体育游戏－教学研究
Ⅳ. ①G898

中国版本图书馆CIP数据核字(2020)第193517号

体育游戏训练艺术
TIYUYOUXI XUNLIAN YISHU　　　　**章华夏　著**

出版发行：北京体育大学出版社
地　　址：北京市海淀区农大南路1号院2号楼2层办公B-212
邮　　编：100084
网　　址：http://cbs.bsu.edu.cn
发 行 部：010-62989320
邮 购 部：北京体育大学出版社读者服务部 010-62989432
印　　刷：北京昌联印刷有限公司
开　　本：710mm × 1000mm　1/16
成品尺寸：170mm × 240mm
印　　张：18.25
字　　数：273千字
版　　次：2021年4月第1版
印　　次：2021年12月第2次印刷
定　　价：65.00元

前 言

中国体育正走向一个具有新时期特色的繁荣兴盛的时代。体育健身已经成为人们追求的生活方式。人们从关注体育，到参与体育，一直到欣赏体育和享受体育。体育彰显出了强大的活力。

体育游戏是全民喜闻乐见的娱乐活动。它集娱乐与健身于一体，具有很强的娱乐性和实践性。查阅我国1949年之后出版的有关活动性体育游戏的书籍，数量并不多。最早期的是1961年出版的《活动性游戏》。随着改革开放不断深入和发展，从事体育游戏教学和研究的工作者越来越多，陆续出版了各种形式的体育游戏书籍，体育游戏教学和研究工作有了较大进步和发展。

本书简述了体育游戏的起源和发展，提出了进行体育游戏教学时应注意的问题，为体育游戏教学提供了强有力的理论支持与实践性指导。本书的特色有以下几点。首先，本书打破了体育游戏教程的传统模式，与当代新课程改革的课程目标接轨，将体育游戏按照课程目标要求逐一梳理、分类讲解，给广大体育教师提供了有针对性的教学内容，为学生增加了科学健身活动的选项。其次，本书所创编的体育游戏按学生的不同年级、不同水平进行分类，具有针对性。因为不同年级、不同水平的学生其身体发育特点不一，他们的心肺功能、骨骼、肌肉、神经系统等都有区别，所以不同年级的体育教师需要有针对性地设计体育游戏的教学方案。这是本书的重要创新点，也是对体育游戏教学的重要贡献。最后，本书除了传统的体育游戏之外，以较大篇幅对体育游戏进行了改编和创新，具有新时期继承和发展的典型性和代表性。

本书对体育游戏教学进行了体系化设计，提出了对体育游戏进行改编和创新的理论依据，并结合时代特征和人们对体育健身日益增长的需求，不断对健身活动进行改良与创新，举一反三，灵活运用，为体育工作者提供了切实可行、简便易操作的体育健身素材。

本书凝聚了笔者长期体育教学和科学研究所得的经验，体现着一代体育人为之奋斗的决心和信心。学无止境。教学和科研是一驾马车的左右轮，二者均不可或缺。科学研究更是一趟没有尽头的旅程，只有牢牢把握时代发展的脉搏，不畏艰险，勇于探索，才能开创体育教学和科学研究的新局面。

目　录

第一章 体育游戏概述

第一节 体育游戏的概念

游戏是人类的一种特殊的活动，具有丰富而复杂的内涵与外延。相当一部分娱乐活动及体育竞赛活动都可以看作是游戏活动或具有游戏的因素。20世纪60年代初，荷兰的文史学家浩依金在他的著作《游戏与人》中写道：今天，在我们生活的环境中，人们已去除了那种把玩当作是一种恶习的意识，从身体和心理的健康角度出发，玩耍不论是对青少年，还是对成年人，都是一种不可或缺的体育活动。

体育游戏是结合学校素质教育和全民健身需要，将体力、智力和心理活动合为一体，富有浓厚的锻炼、竞争、娱乐等意义的一种活动。体育游戏能够提高行走、跑步、跳跃、投掷、攀爬等日常生活所需要的活动能力。学校体育游戏可以从多方面，以多种形式开展，如可以结合田径、体操、舞蹈、球类等运动项目进行；在内容的选择上必须紧紧围绕游戏活动所要达到的目的，同时还要考虑到学生的人数、年龄、性别、健康状况、训练水平等特点，以及学校所在地区、季节特点和现有设备情况等条件。有趣的体育游戏不仅能够强身健体，对学生智力的发展和身心健康也有重要的意义，而且还能培养青少年的团体意识以及顽强勇敢、不怕困难与不屈不挠的优秀品质。

在学校，为了保证体育游戏顺利、安全地进行，场地的选择设计一定要充分考虑各方面因素。在游戏进行中，由于学生注意力会集中在游戏本身，场地内的各种物品就有可能成为事故发生的直接或间接的原因，所以体育游戏的活动场地一定要平坦、坚实、防滑、光线充足、通风、干净卫生。场地内一定不能存在有安全隐患的物品，要营造一个安全、舒适的游戏环境，让学生在体育游戏中得到锻炼、成长。

第二节　体育游戏的起源与发展

一、体育游戏的起源

体育游戏是一项历史悠久的体育活动，是人们进行娱乐、日常锻炼不可或缺的活动之一，也是体育运动得以开展的重要媒介。1976年，考古学家在山西省高县许家窑村的文化遗址中，发掘出了1500多个石球。一些考古学家认为，这是原始居民游戏的工具。封建社会中，也涌现出大量的体育游戏活动，其中不乏具有竞技体育特征的原始体育游戏活动，这些游戏在不同的时期，其特征和对社会发展产生的影响也各种各样。两千多年前的古希腊就举办了流传至今的奥林匹克竞技运动。

马克思、恩格斯指出，我们首先应当确定一切人类生存的第一个前提，也就是一切历史的第一个前提，这个前提就是：人们为了能够“创造历史”，必须能够生活。但是为了生活，首先就需要衣、食、住以及其他东西。因此第一个历史活动就是生产满足这些需要的资料，即生产物质生活本身。原始社会，人们生活在各种恶劣的环境中，为了能活下来，原始人要用智力和体力与大自然抗争。在这个抗争过程中，他们认识到必须提高体力和智力才能拥有与大自然相抗争的能力。于是人们把在获取食物过程中的行走、跳跃、攀爬、跑步等技能动作进行提高，并且把这些技能动作和经验传给后代，而这种有意识、有计划、有目的的动作技能传承教育活动形成了我们人类体育运动中最早的体育游戏雏形。

二、体育游戏的发展

人类社会发展到一定程度后，体育游戏应需而生，成为社会体育活动之一。体育游戏在形成和发展过程中，对其产生影响的因素比较多，社会发展和体育发展等就是其中重要的影响因素。生产力决定生产关系。社会生产力的不断发展决定了体育游戏的不断发展，体育游戏的发展反映了社会的思想观念和生活方式的不断变化。

在人类社会发展的初期阶段，为了生存和繁衍生息，人们逐渐产生了与狩猎、捕鱼、采摘、投掷、攀爬、躲避等相关的原始活动。根据中华人民共和国成立初期的调查，当时仍处于原始社会末期的鄂温克族儿童的教育内容就是与生产和生活密切相关的各种体育游戏，如格斗游戏、射箭游戏、滑雪游戏等。可见，在以狩猎为主的原始社会中，教育不仅是对生产技能的训练，而且是对体力和智力的锻炼。同时，体育游戏也是一种教育方法。随着生产力的发展，体育游戏通过进一步的精细加工得到发展。

公元前21世纪，中国建立了历史上第一个奴隶制社会——夏朝。从夏、商到周大约持续了1800年。这个时期，祭祀和军事斗争推动了体育游戏的发展，体育游戏出现了新的内容和形式。统治者出于祭祀、朝会大礼等诸多礼仪的需要，客观上为许多体育活动制定了某些法规，并将一些体育活动列为教育内容，广泛推广，这对古代体育的发展起到了一定的影响。原始社会出现了军事活动，矛盾激化，先前的狩猎也开始转化为统治阶级用以练兵习武的田猎活动，大大提高了军队的战斗力。学校教育中的射、御、舞勺、舞象等均带有明显的体育特征。如夏、商时期的学校里，习射就是重要的教育内容。同时，“射”也是西周时期的“六艺”（礼、乐、射、御、书、数）之一。孔夫子在《论语》中说过：“君子无所争，必也射乎！揖让而升，下而饮。其争也君子。”因此，“射”不但是杀敌卫国的技术，更是一种修身养性的体育活动。满腹经纶的孔夫子在教给弟子学术知识的同时，更是寓教于乐，“游”“学”融合。王曰美教授在《中国儒学与韩国社会》中写道：“孔子以探索自然、社会、人生之规律为内容，以仁礼贯通天、地、人为核心，以天人、义理、心性的融突和合为目标，以成贤成圣为终极关怀的‘游学’‘游心’，对后世文人‘游’的价值取向，以及‘知行合一’实践品格的养成具有深远影响。”中国古代的射艺包含两个主要运动：射箭和弹弓，春秋时期还发明了弩。其中射箭由于在军事和狩猎活动中具有非常重要的作用，因此在历史上更受人们的重视。考古工作者在山西峙峪人文化遗址发现了一件距今两万八千年的石箭头，这表明当时人类已经在使用弓箭了。汉代以后，处在长期“学习混浊”的格局下，学校体育活动受到扼制。隋、唐时期，可以说是中国封建社会的鼎盛时期，隋、唐时期推广府兵制，武则天设立武举制度，在武举制度里规定了九项选拔和考核人才的标准，其中五项是射箭，包括长跺、马射、步射、平射、筒射，这些都推进了武艺的普及和进步，使主要用于军事的武艺向健身、娱乐的武术运动演化的趋势日益明显。中华人民共和国成立以后，学校教育已经系统化和多样化，大量的体育娱乐项目向人民传播，新的游戏方式和内容不断出现。

随着社会需求的不断发展，民俗体育成为人们生活和节日文化活动的一项重要内容，为民族的节日增添了色彩。民俗体育是一个多样性的运动和游戏的集合体，是一种模式化的体育活动，既是一种体育文化，又是一种生活文化，是由一定民众所创造，为一定民众所传承、服务和享用，并融入和寄托于民众日常生活的风俗习惯（如节日、礼仪等）之中的一种模式性、集体性、继承性、生活化的体育活动，是民俗的有机部分。譬如清明节放风筝、重阳节赏菊登高、端午节赛龙舟、元宵节舞龙和舞狮，以及蹴鞠、竹竿舞、抽陀螺、孔雀舞、跳鼓舞、拔河等一系列丰富多彩的民俗体育娱乐活动都成为体育游戏的重要内容和来源。这些民俗体育作为特殊形式的民间体育游戏活动，让人们身心舒展，有益于参加者的生理和心理健康，并充实了民族精神，丰富了民族内涵，更增强了民族交融与民族间的凝聚力。体育游戏逐渐在学校体育和竞技体育的日常教学和训练中使用。在学校体育运动中，教育者普遍将游戏运动视为中小学体育运动的重要手段。教师通过游戏指导学生参加各种体育锻炼，以此增强学生的体质，并在游戏中培养学生的良好品德。同时，体育教师还能创新性地将一些传统的民间活动改编为适合课堂教学的体育游戏。这些游戏不仅可以增强学生的身体素质，还可以让学生在玩游戏时学习体育技术动作。

体育游戏的高级形式是竞技体育。本书的游戏旨在改善和加强某些有吸引力的游戏的形式和规则，并提高其竞争力，以获得社会认可。

第三节　体育游戏的特点

一、目的性与针对性

体育的首要作用和功能是促进身体健康，增强人民体质。体育游戏有清晰的目的，即让参与者提高身体素质，塑造健康体魄，更好地适应外部环境。体育游戏还是进行各种教育的可行措施，比如在进行爱国主义、集体主义、协作精神、合作能力等教育活动中，体育游戏发挥着重要的作用。基于此，体育游戏的教育内涵是丰富的，体育游戏的参与者在参与过程中各方面都能够得到发展，比如心理、人格和思想行为等方面都能得到锻炼和完善。

另外，体育游戏还能够调节体育运动负荷。比如准备环节的体育游戏，可以为学生正式学习体育技巧做好准备，让学生融入课堂；结束环节的低强度体育游戏，可以缓解学生生理和心理的疲劳。

二、娱乐性与趣味性

体育游戏形式多样，内容丰富，能够让学生身心得到放松，并且符合学生好动、追求刺激等心理特征，因此很受学生喜欢。体育游戏可以释放学生的天性，缓解学生的压力，让学生提高身体素质。体育游戏具备趣味性，学生在愉快的环境中接受教育，在形成健康体质的同时，也形成正确的世界观、人生观、价值观。体育游戏的娱乐性可以满足学生的生理与心理发展需要。基于此，体育教学中，要选择科学的体育游戏，并在体育游戏中引入体育教学内容，提高体育教学质量。

三、普及性与社会性

普及性和社会性是体育游戏的显著特征。体育游戏有较强的普及性。体育运动项目中都包含相应的游戏因素。比如田径运动中的跑、跳和投，球类运动中的篮球、足球、排球以及体操运动中的技巧动作，均包含相应的游戏内容。将这些项目设计成体育游戏，其对象不受年龄、性别、岗位等限制，且游戏规则易于理解，游戏者可以在短时间里参与其中。这样的游戏，有利于提高学生的社交能力，有利于培养其合作意识与社会责任感。体育游戏属于社会适应类游戏，非常适合一般群众参与。

四、多样性与灵活性

体育游戏的规则可简单也可复杂，运动负荷可大也可小。无论何种游戏，但凡是单一程式化的、机械的游戏，都会使学生感到厌倦。教师要针对教材内容、形式，结合课堂教学和生活实践对游戏进行自编、自创。同时，由于游戏的内容与形式的多样性，其产生的锻炼价值和教育作用也有所不同。曾有一段时间，笔者在学校体育教学中融进了游戏内容，使教学既新颖又多样。体育游戏锻炼了学生的思维力和创造力，有利于学生个性的发展。体育游戏类型丰富，游戏内容、游戏规则、游戏线路、游戏动作难度都能根据学生的特征进行调整，场地、器材也能根据实际情况进行选择。对于小孩和老年人来说，可以适当降低游戏动作难度，对于年轻群体来说，可以适当提升游戏动作难度，从而保证游戏的安全性、趣味性和挑战性。体育游戏可以通过各种器械进行，也可以不借助器械，进行跑、跳、攀爬等运动，或者根据学生的兴趣爱好、年龄阶段等更新游戏规则，提升或者降低动作标准的严格程度。体育游戏和竞技体育相比，规则上更灵活，选择上更多元化。体育游戏中的路线，可以是直线或者曲线，形式可以选择一个人直接到达终点，或者几个人合作一起达到终点，还可以一个人往返几次。总之，游戏规则不需要多么严谨，只需要有一条或者几条简单规则便可，对场地、器材的要求也不严格。学生可以根据实际情况开展，游戏器材可以来自生活，各种生产用具、生活用具都可以成为暂时的游戏器材，以满足体育游戏的需求。体育游戏的灵活性与竞技运动存在显著差异，竞技运动更严谨，有着严格的规则，对场地和器材的要求也非常详细。体育游戏多样性和灵活性的特征，让很多群众热爱体育游戏，体育游戏的群众规模也在不断壮大。

五、公正性与科学性

与竞技运动相比，体育游戏虽然对规则的要求比较宽松，但是依然要有公平且科学的规则，为学生提供公平的比赛环境。规则要清晰易懂，方便学生理解，且有利于学生个性的发展和创造力的提升。游戏规则的制定，还需要符合个体的身心发展规律、年龄特点等。游戏规则应与游戏群体的特征相符合，真正促进学生各方面的发展。

六、教育性与竞争性

体育游戏是寓教于动的科学的体育活动，很多体育游戏中，都包含教育因素，比如要求学生能够突破自然环境的障碍和自我障碍，强化学生的集体观念与社会意识，提升学生的合作能力等。体育游戏也具备竞争性的特征，这种竞争性和竞技运动的竞争性相比并不完全相同。竞技运动的竞争性更强烈，要求运动员拥有良好的体能，具备较高的战术水平；体育游戏的竞争中，获胜因素有很多，体力、技巧、智力、勇气等都是竞争获胜的因素，所以体育游戏的竞争结果也具备多样性。

七、自选性与安全性

与竞技运动相比，体育游戏没有功利性，学生进行体育游戏，目的是收获快乐，而不是通过游戏获得某些物质奖励和荣誉等。所以在体育游戏中，学生可以根据自己的兴趣、习惯选择游戏类型，活动的过程中也不容易受到外界的影响。学生可以与同伴约定游戏的方式、规则、场地和相关设施，甚至游戏过程中还可以修改规则，方便游戏进行。体育游戏能通过各种方式调动学生的热情，让学生发挥主观能动性。学生是游戏的主人，进行游戏是为了学生发展自我，实现自我。

第四节　体育游戏的作用

一、锻炼身体和增强体质

体育游戏能够强身健体。体育游戏与其他体育锻炼相比，因为有着显著的趣味性和多元化等特征，更容易调动社会群众的参与性。体育游戏能够提升学生的身体素质，增强其身体机能。体育游戏是体育教学中重要的一部分，在体育教学中，选择合适的体育游戏，通过多元化的方式展开，能够提高课堂教学质量，让学生在掌握体育知识的同时，锻炼身体，拥有健康的体魄。

二、促进个体心理发展和提升智力

体育游戏是体育运动发展到一定程度后，应社会群众所需出现的一种游戏形式。当今社会高速发展，工作和生活的节奏快，这就要求每个社会成员具有更强的能力和心理素质，能够在产生消极情绪的时候有效排解，具备更强的抗压能力。目前越来越多的青少年自我期望很高，而在遇到问题的时候却容易怀疑自我，沮丧颓废，久而久之就会更害怕困难，害怕失败，不敢尝试新事物，这不利于青少年心理的健康发展，也不利于健全人格的养成。体育游戏内容丰富，方法多元，在体育游戏中，青少年可以客观地认识自己，锻炼吃苦耐劳的品质，能够以积极的心态面对成功和失败。另外，在体育游戏中，轻松愉悦的活动气氛能够缓解青少年的学习压力，让青少年在体育游戏之后，以高涨的热情继续投入学习，提高学习质量。体育游戏还能够开阔学生的视野，锻炼学生的思维能力，因为参与者在游戏过程中，只有集中精力，合理使用体力，才能够按照规则完成规定的动作。体育游戏和竞技体育相比，规则方面要更宽松些，为学生自我发挥提供了空间，学生可以发挥想象力、创造力等，按照游戏规则在更短的时间里完成游戏任务，取得胜利，体验胜利带来的成就感。很多少儿体育游戏还将体育游戏与心理品质的培养结合在一起，比如在游戏中训练注意力，让少儿可以在某些环境中能够全身心地投入某一任务，高效率地完成任务，提升少儿的注意力，对于其学习、做事、为人等而言都有极大的帮助，有助于其良好品质的养成。体育游戏属于应社会需求而出现的一种将体育与游戏结合在一起的运动形式，对于学生心理和智力的发展都有重大意义。

此外，在游戏过程中，学生可以通过思考、想象、创造、实践来完成活动目标，从游戏中获得乐趣，提高自身分析和解决问题的能力，增进智慧。如在体育与健康课游戏中提高学生的观察力、注意力和记忆力，在学练过程中发展学生的思维能力和想象能力，在实践与创新作业中培养学生的创造力，等等。

三、调动积极性和降低专业动作难度

大多数情况下，体育课是在室外进行的，在开放的环境中，学生容易被其他因素影响，这需要教师设置科学的教学方案，调动学生的学习热情，比如选择有趣的游戏，或减少外界因素对学生的干扰等。另外，在体育教学的准备环节和辅助教学环节中，教师也可以选择合适的体育游戏形式，来引起学生的关注，提高课堂学习质量。教学方面，对于技术比较专业的动作，或者学生不容易掌握的动作，为了降低学习难度，也可以选择以体育游戏的方式进行练习，在练习中逐步提升动作难度，让学生掌握专业的体育动作，完成教学目标。体育游戏可以帮助学生在头脑中形成对动作的整体印象，强化记忆，方便学生的学习，在快乐游戏中学有所成。

四、丰富课堂内容和活跃课堂气氛

在体育课中，体育游戏可以起到调动和提高学生兴趣的作用。例如，在短跑教学中，学生对单纯的跑动会感到枯燥，甚至会有抵触情绪，课堂气氛随着运动负荷的增加逐渐低沉，而采用各种形式的“接力赛”游戏，效果就不同了，学生有了想取胜的动力。

体育课堂中，某些体育训练具有枯燥性和单调性，为了让学生可以有效掌握动作技巧，需要进行多次的练习，在这个过程中学生会感到无聊，学习的热情降低。在体育课中引入体育游戏，能够集中学生的注意力，活跃课堂气氛，提高学生的学习质量与教师的教学质量，让学生尽快掌握体育技能。

五、提高运动强度和促进身体放松

在体育课中，体育游戏还能调节学生的运动强度，使某些身体素质得到发展。如各种“障碍”游戏，通过跑、跳、抛、钻、跨、越障碍，可全面锻炼学生的速度、力量、灵敏、耐力等身体素质，也可为学生学习各种技能奠定良好的基础。

很多体育课堂中的训练，动作幅度或者运动量很大，对于这种体育锻炼，教师可以在即将结束的时候穿插体育游戏，让学生放松身心，缓解疲劳。

六、培养合作能力和促进个体社会化

体育游戏有一定的规则，需要学生基于规则开展游戏，所以体育游戏有利于学生养成遵守规则的习惯。适当的体育游戏，可以让学生养成遵守课堂纪律的习惯。另外，体育游戏多为集体性游戏，一般需要和同伴进行配合才能完成游戏任务，所以体育游戏可以培养学生的合作能力、集体意识，让学生形成团结互助的良好行为习惯。还有的体育游戏需要学生进行思考，与同伴一起合作，充分调动智力和体力完成游戏任务。比如在“四角拔河”“火车赛跑”等体育游戏中，学生之间进行合作，明确彼此要完成的任务，在配合中按照规则进行游戏，有利于学生合作能力的提升，培养学生集体主义意识。这样学生在学习和以后的工作中，会习惯从集体的角度出发，学会与他人合作，与他人分享，有利于学生良好品质的形成。

个体的社会化也就是人的社会化，简单而言，是生物的个体向着社会的个体发展的过程。刚出生的婴儿属于生物的个体，还不具备社会性，而要想在以后适应社会，融入社会，就要进行社会化发展，其行为举止、思想观念等要符合社会规则，了解社会与群体对自己的期待，进一步拥有社会群体所要求的知识、技能、情感、行为、价值判断等。

个体的社会化，对于个体和社会发展而言意义深远。个体、群体只有实现社会化，这个社会才会发展，个体、群体和社会的发展是相辅相成的关系。个体实现社会化方面，方式有很多，其中体育游戏是一个可行的方式。幼儿的各种活动，可以看成是最初的体育游戏。婴幼儿坐、站立、行走等，都需要后天的学习。幼儿在活动中，通过模仿周围人的行为举止，学习社会角色的行为和动作，逐渐适应环境，适应社会生活。

七、培养个体的社会适应性和改善人际关系

体育游戏一般需要参与者共同配合，服从集体的安排。在体育游戏中，学生的成功是与集体结合在一起的，每个学生必须要和集体成员进行协作、沟通等，在合作中增进对彼此的了解，进行经验共享，彼此学习，优势互补，这些有利于学生社会适应能力的提升。

大部分体育游戏是以集体的形式展开的，且不同的游戏中协作的同伴不同，甚至相同的游戏中，也需要参与者之间不断变换协作对象。同伴的不断变换，有利于锻炼学生与他人的沟通能力，从而促进学生的社会化发展。

第五节　体育游戏的分类

体育游戏是一种综合性的体育手段，它在内容、形式、作用以及参与对象上都具有综合性。体育游戏的综合性决定了它分类方法的多样性。体育游戏根据不同的分类标准有不同的分类方式。

一、按人体基本活动能力划分

按照人体基本活动能力，可将体育游戏划分为走跑类游戏、跳跃类游戏、投掷类游戏和攀爬类游戏等。

（一）走跑类游戏

走跑类游戏是以走、跑等基本活动方式为主创编的，其主要目的是发展学生的走跑能力，使其掌握基本的动作方法，一般以短距离走跑的竞赛活动为主，有时在走跑的过程中配合跨越一定数量的障碍物。

（二）跳跃类游戏

跳跃类游戏是以各种跳跃的活动形式为主创编的，以集体竞赛类活动为主，一般通过跳跃障碍的形式进行比赛，或与走跑类游戏相结合，比拼的是跳跃的距离和速度。

（三）投掷类游戏

投掷类游戏是利用轻器械瞄准指定目标进行抛或扔投的一项活动，这类游戏一般是以竞赛为主，发展学生的力量素质，还要为运动技术的学习做准备。

（四）攀爬类游戏

在人的运动能力中，攀爬能力是不可缺少的。对于婴幼儿来说，先学会爬，再会行走；对学生而言，攀爬类的游戏，可以强化学生的手脚协调能力。比如可以指导学生在体操凳和垫子上进行攀爬类游戏。对于不同年级的学生，设置不同高度的体操凳，通过科学的训练，可以提升学生的攀爬能力。

二、按身体素质类型划分

按身体素质类型，可将体育游戏划分为速度类游戏、力量类游戏、耐力类游戏、协调类游戏、灵敏类游戏、柔韧类游戏等。

（一）速度类游戏

速度类游戏以发展学生各种速度为出发点，如通过各种形式的跑发展学生的快速奔跑能力，锻炼学生的位移速度和动作速度。其形式多以比赛为主。

（二）力量类游戏

力量类游戏创编的着眼点是发展肌肉力量，如投掷、攀爬、跳跃等各种形式的运动，可以锻炼学生的各种力量素质。

（三）耐力类游戏

耐力性运动是所有身体素质练习中，学生兴趣普遍较低的一项，其设计与创编应更多地考虑到游戏的趣味性，而且本着多样性原则，使学生在娱乐活动中自觉地得到锻炼和提高。如借助一些器械的奔跑活动，这类游戏如安排不当，学生容易产生厌倦感，因此，应结合学生的身心发育特点和兴趣爱好进行创编。

（四）协调类游戏

从生理学角度来看，协调能力最重要的影响因素是中枢神经系统的有序性和可塑性，这些能力在很大程度上取决于参与控制动作的感觉系统的适应能力。协调类游戏原则上是利用各种不同的身体练习，克服协调难度和使用新的动作协调形式，提高学生的身体对新能力的适应力。

（五）灵敏类游戏

灵敏是个体对于环境的变化做出有效反应的一种身体能力，是人的各种运动技能、身体素质在运动中的整体体现。灵敏度高的学生，能够快速、准确地做出反应，适应不断变化的外部环境。灵敏类游戏主要锻炼练习者对突然发出的各种指令信号接收并迅速做出应激反应的能力。这种游戏主要是锻炼人体的灵敏素质。

（六）柔韧类游戏

柔韧是指人体关节活动幅度的大小，以及关节的韧带、肌腱、肌肉、皮肤及其他组织的弹性和伸展能力。柔韧类游戏能系统地提高或保持柔韧素质，对于改进技术质量、提高运动成绩和预防运动伤害具有重要作用。

三、按运动项目划分

按照运动项目的不同，可将体育游戏划分为球类游戏、田径类游戏、体操类游戏等。体育游戏的活动形式、器材、场地等与运动项目存在关系，所以按照运动项目进行体育游戏的分类，也是一种可行的方式。按照此种方式进行体育游戏分类，有利于了解体育游戏中所采用的器材、使用的场地和大体的游戏形式。

四、按运动负荷划分

按运动负荷大小，可将体育游戏划分为大运动负荷游戏、中运动负荷游戏和小运动负荷游戏。

（一）大运动负荷游戏

大运动负荷游戏的活动时间、活动量和活动强度的安排相对中、小负荷游戏较大。此类游戏既能使学生的身体素质得到一定程度的提高，同时也能使其在活动中掌握一定的技能，一般安排在课的基本部分的中后期，巩固提高某项运动技术或是进行素质练习。游戏活动时间以5~8分钟为宜。

（二）中运动负荷游戏

中运动负荷游戏的运动量和运动强度适当，能够达到热身的目的。一般这类游戏多安排在课的准备活动部分，而且游戏的内容安排还要考虑与基本部分的学习有一定的相关性。游戏活动时间以3~5分钟为宜。

（三）小运动负荷游戏

小运动负荷游戏是以娱乐放松为主的游戏，其活动量和强度一般控制到最小，时间最短，基本达到放松的目的即可。这类游戏的编排，一般不考虑让学生掌握运动技能，只是对身心的放松，多安排在课的结束部分。游戏活动时间以2~3分钟为宜。

五、按游戏场所划分

按游戏场所，可将体育游戏划分为室内游戏和室外游戏。

（一）室内游戏

体育游戏一般在室外进行，但是偶逢恶劣天气，体育课就需要专业活动场所。由于一些中学没有体育馆，学生往往被转移到教室里，因此室内游戏也有很大的需求。在创编室内游戏的时候要考虑“四动”，即要让学生积极动手、动耳、动眼、动脑，这样的游戏才能吸引学生。由于室内游戏是在教室内进行的，因此，在创编时应考虑不能影响其他班上课。也就是说，创编的游戏活动范围不能过大，游戏动作要轻，尽量不要移动课桌、板凳，游戏过程要保持良好的秩序。

（二）室外游戏

室外游戏是充分利用室外活动场地创编的各种形式的游戏活动。如利用田径场地可以组织走跑类游戏、投掷类游戏，利用各种球类场地可以组织球类游戏，还可以安排惊险刺激的游戏活动形式等。室外游戏由于形式多样，内容丰富，深受学生的喜爱。但是此类游戏应多以合作活动形式为主，以培养学生团结协作的意识和拼搏奋斗的精神。

六、按学习领域划分

按新课程标准的学习领域，可将体育游戏划分为运动参与类游戏、运动技能类游戏、身体健康类游戏、心理健康类游戏、社会适应类游戏等。本书体育游戏的创编也是根据这一分类标准划分的。

（一）运动参与类游戏

根据新课程标准，“运动参与”即学校体育课堂中，能够让学生主动参与体育活动，促进学生形成良好体育锻炼习惯，拥有终身体育意识的过程。在让学生进行体育运动的过程中，还应该让学生掌握科学的体育锻炼方式，所谓“授人以鱼，不如授人以渔”。这需要教师设置科学的方案，让学生能够对体育运动产生兴趣，这是参与体育运动、掌握科学体育锻炼方法的基础。基于此，在体育教学中，体育游戏是非常科学的教学方式，有利于调动学生进行体育锻炼的主观能动性，促进学生形成终身体育锻炼习惯。

针对运动参与目标，在创编这类游戏时，可以以毽子、跳绳、沙包、皮筋等为手段，创编各种活动形式，以利于教学目标的顺利实现。

（二）运动技能类游戏

技能有智力技能和运动技能。智力技能侧重于心智操作，是个体在头脑中进行的认知活动，比如思维活动、记忆活动、想象活动、感知活动等；运动技能属于外在的骨骼肌活动，比如跑步、骑车、体操等，是指在体育活动中的各种行为操作。运动技能主要是借助于神经系统和运动系统实现的。

（三）身体健康类游戏

身体健康指的是个体机能正常、精力充沛、体能良好的状态。学生要想拥有一个健康的身体，就应掌握环境、卫生保健、营养等相关知识。体育健康类游戏，可以提升学生的身体机能，锻炼学生体能，促使学生拥有健康的体魄。

（四）心理健康类游戏

心理健康又称心理卫生，包括两方面含义：一是指心理健康状态，个体处于这种状态时，不仅自我情况良好，而且与社会契合和谐；二是指维持心理健康、减少行为问题和精神疾病的原则和措施。体育活动是促进学生心理健康的重要方式。体育游戏可以让学生放松身心，增进与同学的关系，宣泄压力，培养学生自信和自尊的良好品质与吃苦耐劳的精神。

在培养学生健全人格、促进学生心理健康方面，体育游戏发挥着重要的作用。在创编心理健康类游戏时，重点从挫折教育、体验成功、运动智力和良好习惯等方面着手。

（五）社会适应类游戏

社会适应即个体对自己的行为和意识、心理等进行调整，促使自己适应社会、融入社会的过程。每个人在社会中生存和发展，都有自己不同的生存方式和观点，并且都存在与他人交流、与他人合作的需求，这些需求的满足，需要个体具备一定的社会适应能力。体育游戏，尤其是社会适应类的体育游戏，有利于提升学生的社会适应能力，形成合作竞争意识，学会与他人相处，拥有和谐的人际关系。

第六节　体育游戏的结构

体育游戏的结构由五部分组成，即游戏目的、游戏准备、游戏方法、游戏规则、注意事项。

一、游戏目的

体育游戏的目的是让参与者拥有健康的体魄。不同的体育游戏，训练的具体的侧重点也有差异。比如，有的体育游戏侧重于参与者某些素质的形成或者如何更有效地掌握某些技能；有的体育游戏侧重于学生体力的提升和智力的发育；有的体育游戏侧重于良好品质的形成；还有的体育游戏是为了缓解学生的精神压力。另外，在不同的体育课结构中，体育游戏还可以起到调整运动负荷的作用。

二、游戏准备

场地、器材是体育运动必备的条件，任何一项运动缺少了场地、器材都无从谈起，体育游戏也不例外，而且几乎每一个游戏的组织过程都离不开场地、器材条件的支撑。如走跑类游戏需要一定的空场地跑道作为走跑的路线，球类游戏需要一定数量的球。有些游戏除了体育场地和相应的体育器材保证外，还需要音响器材。除了要有一定数量的场地、器材外，场地、器材的规格和质量还要符合一定的卫生要求，要确保游戏的安全性，防止伤害事故发生。

三、游戏方法

体育游戏方法是指创编游戏的组织方法，是介绍该游戏应如何组织、所分的组别、奔跑或跨越的距离，以及要完成的时间和次数规定等。教师通过游戏方法的介绍让学生明白游戏的路线、流程，这是整个游戏的中心环节。在游戏方法创编时应考虑趣味性、科学性、合理性、安全性、简易性等。游戏的部分情节也应该在游戏方法中体现。

四、游戏规则

体育游戏规则是对游戏的具体要求和活动规则。有了规则，游戏将有章可循。组织游戏时，应井然有序，并且保证学生能够在同一个尺度下公平合理地竞争。规则既是对学生活动的约束，同时也是评判的标准。有了规则，体育游戏的竞争性才得以凸显，游戏过程才充满乐趣，才能提高学生的积极性。因此，完整的游戏规则是游戏不可或缺的内容。

五、注意事项

体育游戏属于群体性活动，一方面要轻松活泼，让学生喜欢；另一方面也要具备教育功能，可以促进教学工作的展开。在体育游戏中，需要注意以下事项。

（一）安全性

选择体育游戏的时候，首先要遵循安全性原则。体育教师要考虑到游戏过程中的危险因素，将这些因素剔除，减少对学生的威胁。体育教师要为学生的人身安全负责，要事先考虑到游戏中的干扰因素，进行防范。体育教师要在安全的环境下组织开展游戏，事先进行安全知识的教育，让学生形成强烈的安全意识，避免在体育游戏中受到伤害。

（二）科学性

选择体育游戏时，还需要遵循科学性原则。如果选择的游戏不符合学生身心发展规律，那么不仅不利于学生的成长，反而会对学生的发展产生负面影响。所以体育教师要根据学生的年龄、性别、心理特征、发展所需等，设计体育游戏，包括对游戏的内容、场地、器材、规则等进行设计，保证游戏的科学性和针对性。学生只有理解了游戏规则，才能有效进行游戏，才能便于老师提高教学质量，才能让体育游戏真正利于学生的发展。

（三）教育性

体育游戏作为体育课中的一部分，在选择的时候需要教师遵循教育性这一原则。选择的体育游戏不仅要让学生感受到快乐，同时还要有一定的教育效果。比如，让学生形成终身体育锻炼的习惯，提高学生的身体素质，培养学生的健全人格等。

（四）趣味性

体育游戏和其他体育运动相比，趣味性是最显著的特征，所以进行游戏设计或者选择体育游戏的时候，要遵循趣味性原则。有趣的体育游戏才会让学生感兴趣，才能调动学生学习的热情，在课堂中形成轻松愉悦的学习气氛。所以在体育游戏环节中，所选择的器材、设计的规则、确定的内容、选择的场地等，都要有一定的趣味性，这样学生才有可能主动参与到游戏中，发挥主观能动性，在体育游戏的学习中实现体育游戏教学效果的最大化。

第二章 体育游戏创编

第一节 体育游戏创编思路

一、根据体育与健康不同水平阶段的要求来创编

在体育与健康课程要求中，对不同年级学生体育锻炼的要求有着明确的规定。在进行体育游戏的创编时可以结合学生的具体水平阶段，行之有效地进行创编。

二、根据练习者身心发展的一般规律来创编

对不同年龄阶段的人群，体育活动的要求是不同的，因此可以根据不同年龄的身心特点来创编适合不同年龄阶段的游戏。

小学时期（水平一至水平三）学生处于系统的学校体育教育的初级阶段，体育教学主要以激发学生对体育运动的兴趣（心理）为主，对技能和强度（生理）的要求不高。

初中时期（水平四）学生的各方面发展进入快速阶段，在这个过程中，学生的心理将会发生显著变化，心理活动变得不稳定。对于这一阶段的学生而言，教师进行体育游戏设计的时候，要尽量从学生的身心特征出发，组织多元化、趣味性显著、生动活泼且具备一定竞争性的体育游戏，引起学生的

关注，通过富有新鲜感的事物来吸引学生的注意，让学生主动参与到游戏中去，在满足学生竞争性、挑战性等心理需求的基础上，促进学生良好品质的形成。

高中时期（水平五）学生的生理和心理各方面已趋于稳定，特别是高中高年级的学生身心状况都处于高峰期。教学中，教师要抓住此时学生的生理发展特点，在进行游戏创编时提高难度，多进行一些技巧性或能提高身体素质的游戏以及竞赛类游戏。通过在游戏过程中进行的竞争，让学生体验到运动的乐趣，同时也能在该阶段培养学生形成坚强的意志品质。

大学时期（水平六）学生的生理和心理各方面已经达到稳定阶段，此时的体育教育主要是培养学生形成体育锻炼的习惯，形成终身体育的意识。针对这一阶段，教师或组织者在创编体育游戏时要充分考虑学生的具体情况（身体素质、年龄等）。在进行游戏创编时多采用新奇、多样的原则，采用趣味性强的游戏，调动学生的积极性，吸引更多的学生参与其中。

三、根据人体基本活动能力来创编

人体基本的活动能力包括走跑、攀爬、跳跃、投掷等。在进行体育游戏的创编时应当以人体基本活动能力为依据。

四、根据身体素质的类型来创编

身体素质包括力量、耐力、速度、灵敏和柔韧等。在创编体育游戏时应明确游戏的目的，针对学生发展不同身体素质的需要来进行创编。

五、根据体育游戏的作用来创编

不同的体育游戏有不同的作用，应依据学生的需要来创编体育游戏。体育游戏既可以具有竞争性、竞赛性，也可以是休闲型的娱乐项目，更可以是益智型的游戏。因此，需要对不同的学生根据其不同的游戏目的来创编游戏。

第二节　体育游戏创编原则

一、新理念原则

体育游戏以“健康第一”的课程标准作为指导思想和教育目标，以育人为本，以学生的发展为本，树立身体健康、心理健康、社会适应的三维健康观。“健康第一”的标准对体育教师的思想观念、角色转换、知识储备、综合能力提出了很高的要求。心理健康和社会适应是重要的教学目标。所以，在游戏创编过程中，应多给学生一些空间，发挥学生的创造力，形成以教师为主导、学生为主体的新理念。例如，充分发挥学生的想象力，以游戏创造游戏。

二、教育性原则

体育游戏和其他体育运动在课堂中的应用存在共性，即都是以提高教学质量为目的。因此，体育游戏创编的过程中，要遵循教育性原则，所选择的游戏内容、游戏规则、组织形式等，都要具备教育性，能有目的、有计划地促进学生的学习，提高学生的身体机能，让学生拥有良好的品质，提升学生创造能力、思维能力。在设计体育游戏的时候，要注重启发性因素的融入，让学生在参与体育游戏的过程中，不仅动用体力，还进行思考。

三、趣味性原则

趣味性是进行体育游戏创编必须遵循的原则之一，没有趣味性的体育游戏是无法调动学生的参与热情的。所以进行体育游戏创编的时候，教师需要根据学生的特征，如年龄特征、身体特征、智力特征等，在动作设计、规则设计、内容设计等方面融入趣味性因素，让学生能够对体育游戏产生兴趣。

四、锻炼性原则

教师在进行体育游戏创编的时候，需要根据学生的年龄、性别、具体活动能力等进行创编，保证游戏难度、活动量的合理性。另外，还要结合学生的人数、游戏的时间、游戏所需器材和游戏进行的场地等，确定每一轮游戏中的人数和游戏时间以及相应的路线。游戏要有吸引力，并且简单易行，让每个学生都能够有效参与其中，达到锻炼学生身体的效果。

五、安全性原则

体育游戏不仅要让学生有所收获，还需要保证在游戏过程中学生的安全。所以创编体育游戏的时候，教师要关注体育游戏环节的安全性，比如动作幅度过大可能给学生的身体带来伤害，导致肌肉拉伤等。另外，在体育游戏教授过程中也要进行安全设计，例如在投掷铅球的教学中，要注重安全性，要告诉学生在投掷目标区域没有人的时候再投掷，当有人捡球的时候不得投掷，保证体育游戏的安全进行。除此之外，规则制定方面，比如在“反应追拍”游戏中，学生之间不得大力撞击，也不得重拍彼此，每个人、每个队伍之间保持适当的距离等。

六、针对性原则

体育游戏还需要有针对性。教师在进行体育游戏创编的时候，要根据学生的年龄、性别、生理和心理特征等进行创编。另外，还要结合课程内容和标准，根据课堂的教学目的、准备的教材等进行创编。比如创编和教学目的相符合的诱导性体育游戏时，可以在进行诱导性游戏之后，引入要学习的体育技能，这样有利于学生全身心投入学习，提高学习质量。教师可以将某项难度高的技术或者核心技术，以体育游戏的方式呈现出来，在体育游戏中进行技术的巩固。教师要遵循针对性原则，保证所创编的体育游戏的可行性以及预期效果的实现。

七、和谐性原则

体育游戏的创编，要遵循和谐性原则。体育游戏过程中，愉悦和谐的气氛，能够拉近师生的关系，有利于教师与学生沟通并赢得学生的认可，让学生在体育游戏中，享受游戏带来的欢乐，在游戏中成长。

八、目的性原则

体育游戏的创编，要遵循目的性原则。组织体育游戏的主要目的是让学生拥有健康的身体和健全的人格，实现学生身心的健康发展。体育游戏可以对学生的身体系统进行调整，促使其从之前的安静状态进入运动时的紧张状态。

九、全面性原则

教师创编体育游戏的时候，全面性原则也是要兼顾的原则之一。教师要从整体上分析每个学生的特征和兴趣习惯，通过因材施教的方式，尽力让每个学生都能够参与到体育游戏中。对于不同的学生，可以选择差异化的方式，尽可能让体育游戏对每个学生的发展产生积极影响。

十、公平性原则

公平性原则要求教师在创编体育游戏的时候，选择公平的裁判方法。比如可以选择记数法、个人得分法和团体得分法、限制加倍记分法等，给出公平的体育游戏裁决。在奖惩方面，也要考虑每个学生的承受能力，对于体能较强的学生适当加大惩罚力度，对于体能较弱的学生减轻惩罚力度，做到相对公平。

十一、时代性原则

教师进行体育游戏创编时，要遵循时代性原则。时代是不断发展的，体育游戏的内容也要保持与时俱进。教师可以根据学生的现实生活和时代的发展进行体育游戏的更新。比如结合当下的娱乐活动、体育活动等，更新体育游戏的规则和内容。体育游戏方法上，也可以融入先进的科学技术。体育游戏和现实生活与时代发展相结合，更容易满足学生的需求，能更有效地吸引学生的关注。

第三节　体育游戏创编方法

体育游戏是体育教学中的重要内容，教师需要结合社会实践，根据学生的关注点、发展特征等进行体育游戏的创编。这样，一方面可以提高教学质量，更好地促进学生身心发展；另一方面也能够推动体育教学的改革。在进行体育游戏创编的过程中，教师可以选择以下创编方法。

一、程序法

所谓程序法，即根据逻辑程序进行体育游戏创编的方法。第一，需要明确体育游戏创编的目的；第二，要进行构思，明确游戏内容、游戏方式，确定游戏的基本框架；第三，要对游戏进行检验和完善，对初步设计的游戏方案进行检验，分析存在的问题，及时进行调整，保证游戏的可行性与科学性；第四，要制作书写，将设计好的游戏以书面的形式详细确定下来，包括游戏名称、游戏目的、游戏准备、游戏方法、游戏规则、注意事项等。

二、思维法

思维法是指教师在进行体育游戏的创编时，需要分析教学目标，明确问题和主次矛盾，接着对比分析这些矛盾，提出解决方法。第一是进行横向对比，对现有的体育游戏进行对比分析，形成对现有游戏模式的客观认知，然后以此为基础进行游戏的创编；第二是进行纵向对比，分析体育游戏的发展规律，按照这一发展规律，进行体育游戏的创编。

三、实验法

实验法也是一种科学的体育游戏创编方式。有效的游戏需要进行验证，确保其可行性和科学性。教师可以根据自身工作经验，进行游戏的构思、检验、完善、再检验、再完善等，不断提供更科学、更合理的体育游戏。比如通过沙包创编“打地靶”游戏，为了保证该游戏的趣味性和教育性，就需要教师进行不断试验和改进，征询同行和学生的建议，分析试验结果，进行方案的改进，提供学生认可且教学效果显著的体育游戏。

四、移植法

移植法是基于实践教学需求，对游戏内容、组织形式等进行移植，目的是使创编的游戏与教学目的更相符合，与学生身心发展需求更相接近等。比如可以移植田径中的接力运动，通过移植接力内容、更新接力方式等，创编“运球接力”“掷实心球接力”等体育游戏。

五、变化法

教师可以根据现有的体育游戏进行变化，从而设计出更多的体育游戏。比如“斗鸡”是两个人在规定圈里进行对抗的游戏，教师可以根据这类游戏的特征进行变化，将其设计为“推人出圈”“跨跳推手”“立定推手”等游戏，丰富游戏的形式，引起学生的好奇心。

六、提炼法

一些来自日常生活或者民间乡土的游戏中也包含很多教育元素，但是其形式往往比较固定，教师可以通过提炼法对游戏进行更新。比如“看谁扔得远”，这类游戏简单易懂，对场地要求小，教师可以对其内容和方法进行更新。如扔的东西可以是铅球、实心球等，锻炼学生的手臂力量；或者可以改成篮球，设置成投篮游戏，增强体育活动的趣味性。

七、模仿法

体育游戏来自生活，对学生而言，他们对周围的生活充满热情，对于新鲜事物充满好奇心，且有着极强的模仿能力，如擅长模仿猴子、大象、企鹅、青蛙、小鸟等各种动物。教师可以根据学生的模仿兴趣进行体育游戏的创编。比如创编“蛙跳追拍”“猴子跳远”“大象跨步”等和学生兴趣爱好相符合的游戏，在游戏中锻炼学生的身体，发展学生的个性。

八、组合法

教师还可以将不同类型的游戏进行组合，即根据组合法创编体育游戏。对不同类型的游戏进行组合创编，可以丰富体育游戏的内容和形式，并且明确所创编体育游戏的侧重点，这样，学生在进行体育游戏的过程中，不仅进行了体力活动，也进行了脑力活动，有利于学生全方位地发展。

第三章 体育游戏教学

第一节 体育游戏教学原则

体育游戏创编的过程中，需要教师遵循相关的创编原则，体育游戏教学的过程中，同样也需要教师遵循相关原则。教师应循序渐进、持之以恒地进行体育游戏教学。教师要遵循以下体育游戏教学原则。

一、教育性原则

设置体育游戏，目的是让学生能够乐于运动，在运动中有所收获，如果只关注输赢，那就与体育游戏的设置初衷相背离。在开展体育游戏的过程中，部分学生认为自己的体力或者智力要比他人高，在团队比赛的时候，如果失败，就容易埋怨成员，而不反思自己的不足。所以这需要教师注重体育游戏的教育性，在体育游戏中指导学生形成正确的思想观念，让学生认识到团结互助的重要性，形成强烈的合作意识和责任意识，要让学生认识到不管比赛是否成功，只要认真对待，都是一种成长，要培养学生胜不骄、败不馁的良好心态。

二、目的性原则

体育游戏是为了让学生拥有健康的体质、良好的素质、健全的人格等，具体到不同的体育游戏中，其游戏目的也有所不同。比如，有的体育游戏侧重于学生体能的强化，有的体育游戏侧重于学生创新能力的提升，有的体育游戏侧重于学生良好品质的养成，有的体育游戏则侧重于缓解学生压力等。因此，教师要根据课堂教学内容和教学目标，带着目的去进行体育游戏教学。

三、技术性原则

体育游戏的教学要遵循技术性原则，教学中所选择的游戏动作、游戏标准，难易要适中。太难可能导致学生无法掌握；过于简单，学生可能没有兴趣。体育游戏在作为辅助环节的时候，也要与主要环节中的技术学习相配合，起到促进教学的作用。

四、趣味性原则

体育游戏的教学，要坚持趣味性原则。有的体育游戏内容、规则、形式等充满趣味性，深受学生的喜爱；而有的体育游戏比较单调枯燥。教师进行体育游戏教学的时候，要根据学生的年龄、兴趣爱好、身心发展所需等，选择相应趣味性的游戏进行教学，以保证在每节课堂中体育游戏的差异化，保持学生的热情。比如游戏进行中，不仅要比智力，还需要比体力、比技巧、比反应速度等，尽可能让学生在游戏过程中保持高涨的热情。

五、安全性原则

不管是进行体育游戏的创编还是教学，都要遵循安全性原则。学生在游戏过程中，往往会有较强的表现欲望和争强好胜的心理，在有趣的体育游戏中，更容易全身心地投入。如果学生缺乏安全意识，或者游戏现场保护措施不完善，很可能会发生意外情况，使学生的安全受到威胁。所以教师在进行体育游戏教学的过程中，要检查场地、设备等的安全性，确保体育游戏安全进行。比如所选的设备要没有尖锐的棱角等，以免在学生撞击的时候给彼此的身体带来伤害。

第二节　体育游戏教学步骤

一、体育游戏教学的准备

（一）教材的准备

体育游戏教学，首先要选择教材。教师选择教材时，要对学生的年龄、特征、身体情况、兴趣爱好等进行分析，并且还需要考虑季节、场地、天气等环境要素。具体而言，准备教材的时候，要注意如下几方面事项。

（1）教材要具有针对性。教师要根据教学任务、教学目的、学生的特征等选择教材。对于少儿而言，体育游戏难度应较低，侧重于情节的设置，能激发学生进行想象；对于高中生而言，体育游戏难度应较高，或者对技术要求比较严谨，运动量比较大；对于具备一定身体素质的参与者而言，体育游戏在专项技术方面应有更高的要求。教师要根据参与者的年龄段、能力水平等选择教材。

（2）教材要具有技术性。准备游戏教材的环节，要保证游戏教材的技术性，选择的体育游戏教材要和整节课堂中其他项目教材相衔接，教材中的动作、技术等，需要是学生已经学习过的动作和技术，通过体育游戏进行动作和技术的巩固。

（3）教材要具有全面性。所选择的游戏教材应该和其他教材相配合，相互衔接，有利于学生锻炼身体、提高身体机能、形成良好品质等。选择全面性的体育游戏教材，可以尽可能地促进学生的身心发展。另外，所选择的教材应该降低对游戏场地、设施等的要求，游戏应有较高的推广性，方便组织，学生在课堂中容易开展，喜欢参与，让体育游戏尽可能促进每个学生的发展。

（4）教材要具备育人性。在体育课堂中进行各种形式的体育游戏，目的是能够让学生更好地发展，释放学生个性，提高学生素养。体育游戏有着寓教于乐的特征，让学生在玩中学，可以很好地调动学生的学习热情，取得良好的教学效果。因此，体育教师要合理布置体育游戏，选择具备育人性的体育游戏教材。

（5）教材要具有益智性。选择的体育游戏教材，不仅能够让学生进行体育游戏的时候提高身体机能，还应该刺激学生智力的发育。比如提高学生的创新能力，培养学生的发散性思维，强化学生的合作精神与集体意识以及社会责任感，提升学生的智力水平，等等。

（6）教材要具有变通性。体育游戏和其他体育运动相比有着显著的不同。体育游戏的教材更灵活，变通性更强。选择体育游戏教材的时候，教材内容要具备高度的变通性，以便根据实际情况进行调整，满足现实所需。比如，可以根据不同的对象、场地、教学目的进行体育游戏内容、规则等的调整。

（二）场地、器材的准备

体育游戏的开展需要在一定的场地中进行。场地的选择一般要结合游戏范围、参加人数等因素，并且体育游戏中会伴随各种危险性因素。教师在选择场地的时候，要注意如下几点。

（1）场地要安全。场地要平整，没有障碍物，并且没有水或者不存在结冰现象，和周围的建筑物保持一定的距离，避免学生运动过程中出现摔倒、磕碰等现象。

（2）场地边界线要清楚。进行体育游戏的时候，要画清楚游戏的边界线，包括中线、终点线、起点线、边线等。

（3）游戏场地要和教室保持一定的距离，保证体育游戏的开展不会给其他教室的师生带来影响。

体育游戏器材选择方面，要提前做好准备，而不是临时寻找器材。如果找不到合适的器材，则可以通过如下3个方法解决。

（1）选择其他体育项目中的器材。部分器材可以用其他体育项目中的器材替代，比如跳绳、体操垫、各种球等。

（2）部分废弃物可以直接被用作游戏器材。比如废弃的纸箱、过期报纸、塑料袋、易拉罐等，这些废弃物容易寻找，且不会产生任何成本费用，废物再利用也符合环保理念。

（3）师生一起制作游戏器材。小套圈、小红旗、小沙包等器材，可以通过师生一起制作的方式获得。

如果上述3种方法都无法获得游戏器材，可以考虑在市场中购买。

二、体育游戏教学的组织与实施

体育游戏本身的特征注定了教师需要从不同角度展开体育游戏教学，保证体育教学的科学性。教师要按照体育游戏教学的内容、目标、形式、特征等，立足于现实情况，选择与体育游戏教学规律相符合且和学生特征相契合的教学方式。

（一）体育游戏的分组

体育游戏的分组，在可能的情况下，一般以分成两组进行对抗为宜，这样更能体现出比赛的紧张，也便于裁判。但根据游戏活动的内容、性质、占用时间、参加人数、场地器材条件等，也可分成多组进行比赛。游戏分组应尽量做到各组能力相对均等，体现出公平竞争。

常采用的分组方法有下面几种。

（1）身高接近法。在青少年中，身高与体重、力量一般成正相关关系，一般情况下，按身高顺序分组，实力就相对平均。

（2）体重相近法。在角力类活动中，体重相近是十分必要的，体重与身高有时相关程度不显著，但体重与力量往往是正相关的，所以在角力类游戏中可根据体重相近法进行分组。

（3）人数相等法。人数相等是大多数分组中十分必要的。在男女混合分组时，应考虑男女比例大致相等。

游戏分组方法的选择，应以适合游戏、保证教学效果、所分出的各组实力相近、简便易行为前提。在分组时，如学生人数不均，教师可加入少一人的一组，或指定少一人的一组中的某一人多做一次游戏。教师要保证全体学生都能参加游戏。

（二）体育游戏中引导人的选择

从表面形式上看，体育游戏简单易懂，但是组织却要下一番功夫。如果组织环节做的准备工作不完善，则教学质量必然大幅降低。游戏组织方式要根据游戏性质展开。有的游戏需要有引导者，有的游戏需要将学生分成若干小组。教师要选择合适的引导人，或者保证学生分组的合理性，这些工作是否合理与教学效果是否理想息息相关。基于此，体育游戏中，教师所选择的引导人要在学生群体中具备一定的领导能力和威望。选择引导人的方法可以参考如下几种。

（1）自选法。让学生自己选择引导人，大多数学生所推荐的引导人，必然是学生信服、信任的引导人。但是如果学生群体不具备组织性，就不应该选择自选法。

（2）指定法。教师可以根据自己对学生的了解，选择合适的引导人，教师可以从专业的角度上选择，保证所选引导人的合理性。

（3）鼓励法。游戏之前，教师可以说明，游戏中赢得胜利的人可以担任领导人的角色，以鼓励的方式选出想担任领导人角色且有一定能力的学生作为引导人。

（4）抽签法。通过抽签的方式选择引导人。该方法比较随意，但是却给予每个学生成为引导人的机会，可以锻炼每个学生。但是如果选择的引导人不具备组织能力，则会降低游戏质量。

（5）条件法。教师还可以结合体育游戏的性质选择引导人。比如选出力量最大，或者速度最快的人担任引导人，让每个学生都能够发挥自己的优势。

（6）自荐法。教师可以鼓励学生毛遂自荐做引导人，这样可以调动学生的主观能动性。

（三）体育游戏的讲解与示范

体育游戏之前，教师需要进行讲解，包括介绍游戏的目的、游戏要完成的任务、游戏规则等。详细而有效的讲解，可以调动学生参与游戏的热情，让学生为投入游戏做好准备。

（1）讲解位置。教师进行游戏讲解的时候，要说明位置，在必要的时候进行示范，保证每个学生都掌握游戏的方法和具体的队形，明白自己所处的位置。如果人数很多，或者圆圈很大的时候，可以让少部分学生在大圆圈中再形成一个圆圈，保证每个学生都可以听清教师的讲解。

（2）讲解要求。游戏之前的讲解中，教师要让学生明白游戏规则、游戏要求、游戏方式。教师需要提升自己的语言表达能力，将游戏的特征、具体情况等，清楚地告知学生，选择的语言要简单易懂。

游戏讲解中，教师还可以进行具体的示范，示范要有所侧重，只示范重点动作或者难点动作，方便学生理解，在必要的情况下可以示范整个动作。示范动作要典型、简练、精准。

游戏示范中，一般是教师自己示范。对于相对复杂的游戏，或者需要几个人配合完成的游戏，教师可以选出几个学生事先进行指导，然后让他们在课堂中进行示范。

（四）体育游戏的进行

在发出体育游戏开始的信号之后，教师要确保学生能够在裁判的监督下，按照既定的规则进行游戏。对于不遵守规则的学生，可以通过扣分或者事后教育的方式，让学生纠正自己的错误态度和参赛方式。体育游戏中，教师还需要对学生的活动量进行控制，活动量不可过大而超过学生的承受极限。对于紧张性的活动，要限制次数和频率。另外，教师还需要学会及时处理突发事件，保证体育游戏的安全性。

（五）体育游戏的裁判与赏罚

所有体育游戏都有规则，游戏过程中，需要有人对每个学生进行监督约束，确保学生遵循游戏规则，负责这项工作的人就是裁判。

在体育游戏中，大部分情况下裁判是教师，但是在部分情况下为了提升学生的个人独立工作能力，还可以让学生担任裁判，以轮流担任的方式培养学生的能力。学生担任裁判的时候，教师可以作为领导者和组织者进行协调，指导学生可以胜任裁判一职，对整个游戏过程进行跟踪分析，必要的时候进行指导，保证游戏的顺利开展。

裁判要端正态度，牢记规则，对学生的行为进行监督，及时指出不遵守规则的学生，保证游戏的公平性。合理、公平的裁判可以促进游戏顺利进行，也可以督促学生形成公平竞争的比赛心理。

在体育游戏的裁判和赏罚方面，要注意以下事项。

（1）裁判必须认真。裁判要认真对待体育游戏，监督整个游戏过程。一方面要促进体育游戏的顺利进行；另一方面要让学生认识到游戏规则的重要性，能够养成自觉遵守纪律的良好习惯。游戏规则虽然是比较灵活的，但是裁判要严格按照游戏规则对学生的行为进行监督约束，保证游戏过程的公平公正，这样的游戏结果才会让学生信服，才能起到教育作用。

（2）裁判必须公正。不管是教师还是学生担任裁判，都应该保证裁判的公正性，不得偏袒任何一方。裁判不能按照自己的主观判断或者与参赛者的关系作为标准进行裁判，而应严格按照规则进行裁判。比赛中，双方团队可以彼此监督。

（3）游戏的赏罚是游戏式的。体育游戏中，进行游戏赏罚，目的是让学生关注游戏，能够主动参与其中，认真对待。因此，游戏结束之后的赏罚不可过于认真，特别是裁判，在给出输赢结果的时候，可以用轻松的语气进行裁决。在惩罚方面，不得进行羞辱性的惩罚，惩罚要在尊重学生的基础上进行。

（六）体育游戏的结束与总结

教师要规定游戏的开始和结束时间、游戏的轮次等，避免游戏量过大，超过学生的体力极限，给学生的身体造成伤害。另外，在器械被毁损无法继续游戏，或者某学生出现伤害事故的时候，教师应立即结束游戏。

游戏结束之后，教师要进行简单的总结，阐述游戏的积极作用。总结一般是在学生休息几分钟后精神比较集中的时候进行，方便学生的理解。总结中，教师要宣布结果，结果要公正公平，并且对游戏中每个小组的配合、战术的应用等进行点评，指出科学之处与不合理之处，对于表现良好的小组进行表扬，对于表现一般和较差的小组分析原因，鼓励其不断提高。最后收回器械，安排每个小组整理、搬运器械的具体任务，培养学生爱护公共用具的道德心与责任感。

第三节　体育游戏教学注意事项

一、体育游戏内容的选择要与教学内容相结合

进行体育游戏的目的是能够提高学生的身体机能，促进学生身心发展。体育游戏是体育教学中非常重要的一部分，教师在选择体育游戏的时候，要保证游戏的内容和目的与教学内容相符合，所选择的体育游戏要服务于教学内容和教学目标。

二、明确并自觉地遵守体育游戏的规则

体育游戏中，教师要根据学生的身心特征设置游戏规则，让每个学生都可以理解和遵循规则，目的是培养学生的组织性与纪律性，强化学生的责任意识。在学生理解游戏规则之后，教师还可以根据游戏中学生的表现，进行处罚性或者诱导性的减分、增分。对不遵守规则的成员，扣除相应的分数；对严格遵循规则的成员，增加相应的分数，以此强化学生的自律性。

三、注意结合游戏内容合理利用体育游戏教学方法

体育游戏教学方法各种各样。表面上看，体育游戏简单易懂，但是执行起来，涉及的因素比较复杂。这需要教师有丰富的经验和较强的组织能力。体育游戏教学，关系到学生的心理、身体，有着综合性，需要教师具备完善的知识系统，有时代精神和较高的综合素质，能够主动结合现代教育方式展开教学，对于教育改革有前瞻性的眼光。教师要站在发展的视角上看待体育游戏教学对于学生发展的重要性，能够不断提升自己的教学能力，根据每个阶段的学生，设置和组织科学的体育游戏，保证体育游戏内容的与时俱进。教师可以将科学的理论知识应用于体育游戏教学中，在体育游戏教学实践中进一步总结经验，实现体育游戏教学效果的螺旋式上升。

四、根据学生状态适时调整运动负荷

教师通过对学生情绪、动作、活动秩序等的观察，判断学生的生理负荷，及时采取措施调整游戏的运动负荷，达到良好的教学效果。当发现学生有以下几种情况时可以判断学生出现疲劳：对体育游戏的兴趣不浓，精神不集中，游戏效果不佳；动作迟缓，纪律松弛，犯规次数和人数增加；学生脸色发白，气喘吁吁，反应迟钝；等等。

当发现学生在游戏中出现疲劳时，教师应结束活动或适当减少运动负荷。通常采用以下几种方法：减少影响游戏紧张的因素，如改变游戏的次数和规则；缩小游戏的场地范围；减少游戏的组数和参加游戏的人数；缩短游戏的时间或延长间歇时间。

五、体育游戏过程中要保证学生安全

体育游戏中，教师要确保学生的人身安全性。很多学生热衷于参加体育游戏，在游戏中放松身心，超越自我，但是容易忽视潜在的风险。因此，体育教师一方面要为学生提供一个安全的游戏空间，所选择的游戏设施、设置的游戏环节等要安全；另一方面要让学生认识到安全的重要性，在游戏过程

中保护好自己。对于大幅动作，要适当控制动作幅度，避免学生肌肉拉伤；对于对抗性的激烈活动，要注意游戏的秩序，减少冲撞力度，防止发生意外，让学生愉快、安全地进行体育游戏，感受游戏的魅力，并且安全地结束游戏。只有在保证体育游戏安全的基础上，体育游戏的教育价值才会发挥出来。再具备教育意义的体育游戏，如果缺乏安全性，都应被禁止。

六、充分发挥游戏评判的作用

游戏结束之后，教师要对学生在游戏中的表现进行评判。教师可以对每个小组进行点评，对于表现优秀的小组进行表扬，帮助表现一般和较差的小组分析原因，鼓励其在以后的体育游戏中进行改进。另外，对学生进行个体点评时，教师要对游戏过程中遵守规则、帮助同学、奋力拼搏、超越自我等的学生进行表扬，让学生感受到教师的关注和认可，从而保持学生对体育游戏持续性的好感；对于能力有限或者胆小的学生，也要进行鼓励，强化学生的自信心，指引学生不断克服自己的不足。教师要尽可能让体育游戏促进每个学生的身心发展。

第四章　小学1~2年级（水平一）体育游戏

第一节　走跑类

1. 捉迷藏

游戏目的：发展灵敏素质，提高奔跑能力。

游戏准备：篮球场大的场地一块，手帕一条。

游戏方法：将一个学生的双眼蒙起来，令之不能视物，其他的学生就在他的身边绕跑，引他来捉。

游戏图示：

游戏规则：所有学生不得跑出规定场地。

注意事项：跑动中注意安全。

2. 老狼老狼几点了

游戏目的：

（1）锻炼学生听辨声音的能力和快速反应的能力。

（2）发展学生直线追跑和曲线追跑的能力以及灵活的躲闪能力，同时发展学生的动作速度。

（3）培养学生勇于挑战、勇于战胜困难的意志品质。

（4）学生能积极地参与活动并体验运动的快乐。

游戏准备：

（1）场地：篮球场大的场地一块。

（2）游戏前准备：狼的头饰、小羊的头饰和网子。

游戏方法：

（1）将学生分成男女两组，两组同时做游戏，每组各选出一名学生扮演老狼，并戴上头饰，其他学生扮演小羊，并戴头饰（不戴也可）。

（2）游戏开始，“老狼”在前面走，“小羊”离“老狼”2米，在后面轻轻地走，“小羊”问：“老狼，老狼几点了？”“老狼”回答：“一点了。”（随机说几点）直至“老狼”说“十二点了”时，“老狼”回头迅速捕捉“小羊”，“小羊”迅速四散跑开，被“老狼”抓住的“小羊”代表被“狼”吃了。被捉的“小羊”暂时在规定的地点等待，“老狼”继续抓，直至把“小羊”全部抓完，或抓完预定的数量，游戏结束。

（3）学生可以互换角色，轮流扮演。学生的反应能力提高以后，可以提高游戏难度，比如可以让“老狼”拿网子捕捉“小羊”（视学生情况而定）。

游戏图示：

游戏规则：

（1）“老狼”轻拍“小羊”，或用网子套住“小羊”，“小羊”即为被抓。

（2）“老狼”和“小羊”一问一答做游戏时，“小羊”不能离“老狼”太远（2米左右）。

注意事项：追逐跑的时候要注意安全，不能推、拉、拽，否则视为被抓住。

3. 一二三木头人

游戏目的：发展灵敏素质，锻炼负重奔跑能力。

游戏准备：篮球场大的场地一块。

游戏方法：同学们列队站立，教师请一个学生扮演照相机，背对站在其他小朋友前方10米处，其他人扮演木头人并走向“照相机”，当“照相机”回头喊“一二三木头人”时，同学们一起喊口令：“我们都是木头人，不许说话不许动，不许走路不许笑！”口令完毕，“木头人”立即静止，保持不动。如果有一个“木头人”先忍不住说话，或者笑，或者做出任何动作，则这个人被淘汰。然后再开始下一轮游戏。

游戏图示：

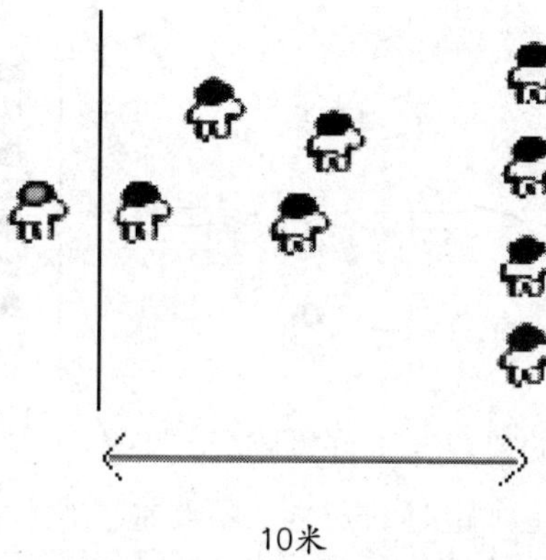

游戏规则：静止状态，无论本来是什么姿势，都必须保持不动。

注意事项：游戏进行的时候要注意安全，不能推、拉、拽。

4. 长江黄河

游戏目的：

（1）锻炼学生的反应能力、快速奔跑的能力。

（2）培养学生勇于挑战、勇于战胜困难的意志品质。

（3）学生能积极地参与活动并体验运动的快乐。

游戏准备：平坦宽敞场地一块。

游戏方法：把全班学生平均分成人数相等的两组，一组叫长江，一组叫黄河。教师在操场上画一条宽15米的“河”（用两条线表示），学生分别站在“河”两边。当学生听到教师说“长江”时，“黄河”一组的学生去追“长江”一组的学生，被追上的学生背追的学生回到“黄河”的位置。反之，追的学生背被追的学生回到“长江”的位置。

游戏图示：

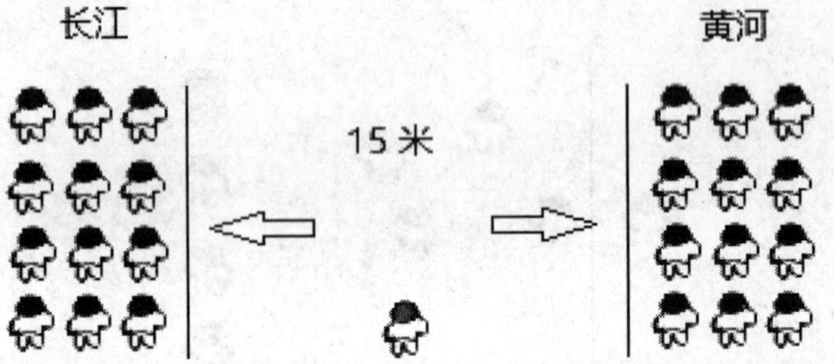

游戏规则：听教师的口令，不许抢跑。

注意事项：注意学生奔跑时的安全，不要拖、拉、拽及相互推搡。

5. 捉兔

游戏目的：发展学生的奔跑及躲闪的能力。

游戏准备：藤圈若干个。

游戏方法：每两人半跪着扶住一个藤圈，分散在场地上当山洞。另选一人为逃者，一人为追者。游戏开始，逃者钻过哪个藤圈，追者也必须钻过哪个藤圈，钻过后，拍到对方3次就互换角色。如果逃者累了或遇到危险，可以抓住任意一个藤圈，靠近的一个扶者即变成逃者，游戏继续进行。

游戏图示：

游戏规则：

（1）逃者钻过哪个藤圈，追者也必须钻过哪个藤圈。

（2）拍到对方3次才能互换角色。

注意事项：只准拍击，不准推、拉、脚绊。

6. 丢手绢

游戏目的：

（1）发展学生的奔跑能力。

（2）学生能积极地参与活动并体验运动的快乐。

游戏准备：宽阔平坦场地一块，手绢一条。

游戏方法：

（1）学生们围成一个圈圈，找出一个同学丢手绢。

（2）游戏开始，丢手绢的同学把手绢悄悄丢给另一个同学，另一个同学要迅速发现自己身后的手绢，然后捡起手绢迅速去追丢手绢的人，丢手绢的同学沿着圆圈奔跑，跑到被丢手绢同学的位置。在过程中如被抓住，则要表演一个节目；如没被抓住，则换被丢手绢的同学继续丢手绢。

游戏图示：

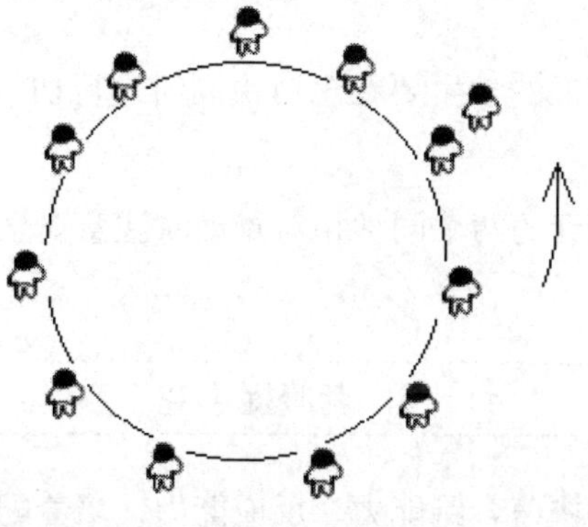

游戏规则：学生跑动过程中不能回头看。

注意事项：注意学生奔跑时的安全，不准推、拉、脚绊。

7. 切西瓜

游戏目的：发展学生的反应、灵敏、奔跑能力。

游戏准备：宽阔平坦场地一块。

游戏方法：把学生分为4组，每组学生手拉手围成一个圆圈，圆圈中有一个学生当水果刀。教师发令后，中间当水果刀的学生开始用手掌在圆圈上切西瓜。全体学生口中念着口诀“切、切、切西瓜，我把西瓜切两半”。当口诀念完时，看当水果刀的学生切到哪两个同学，这两个同学就迅速相对沿圆圈外侧跑一圈，看谁先跑到原位。先跑回的学生再当水果刀，学生依次进行。

游戏图示：

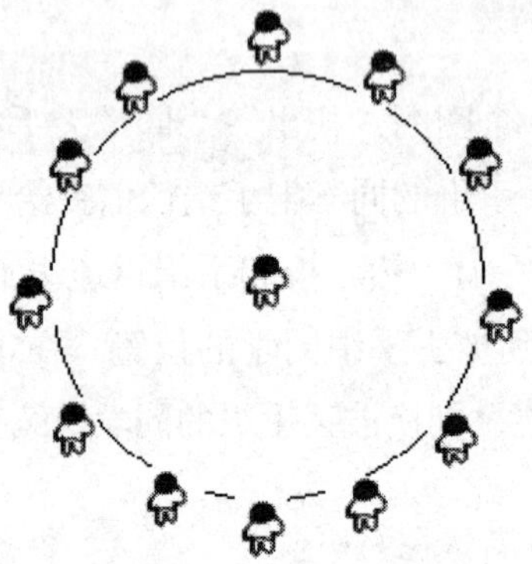

游戏规则：切西瓜的学生要在念口诀同时进行切，一个字切一次，注意用力不要过大。

注意事项：被切到的两个同学相对跑动时注意安全。

8. 老鹰捉小鸡

游戏目的：发展快速奔跑能力、反应能力，培养配合意识。

游戏准备：宽阔平坦场地一块。

游戏方法：开始先分角色，一人当母鸡，一人当老鹰，其余当小鸡。

“小鸡”依次在“母鸡”后牵着衣服排成一排，“老鹰”站在“母鸡”对面，做捉“小鸡”姿势。游戏开始，“老鹰”叫着、转着做赶鸡动作，“母鸡”保护“小鸡”，“小鸡”在“母鸡”保护下左右躲闪。

游戏图示：

游戏规则：

（1）随机选取角色，或以一定规则决出角色，如可以以“石头、剪子、布”定出“老鹰”“母鸡”“小鸡”。

（2）“老鹰”不捉“母鸡”，只捉“小鸡”，“母鸡”保护“小鸡”不被捉。

（3）此游戏有时间限制，在规定时间内，“老鹰”抓完全部“小鸡”，“老鹰”胜；“老鹰”捉不完“小鸡”，“小鸡”胜。

注意事项：

（1）“老鹰”不能从“母鸡”腋下去抓，必须从侧旁去抓。

（2）注意安全。

9. 换位

游戏目的：提高反应速度和动作的敏捷性。

游戏准备：宽阔平坦场地一块，在场地上画两条平行线，间隔3米。

游戏方法：把学生分成人数相等的两组，两组学生面对面站立，两组之间的距离保持在3米左右。选出一个学生作为守卫，站在两组之间。游戏过程中，两组中的成员试图和对面的人互相换位，换位的过程中要躲避守卫，不让守卫看到。守卫要尽可能地监督每个换位的学生，发现的时候喊出学生的名字，被喊出名字的学生与守卫互换位置，游戏继续展开。

游戏图示：

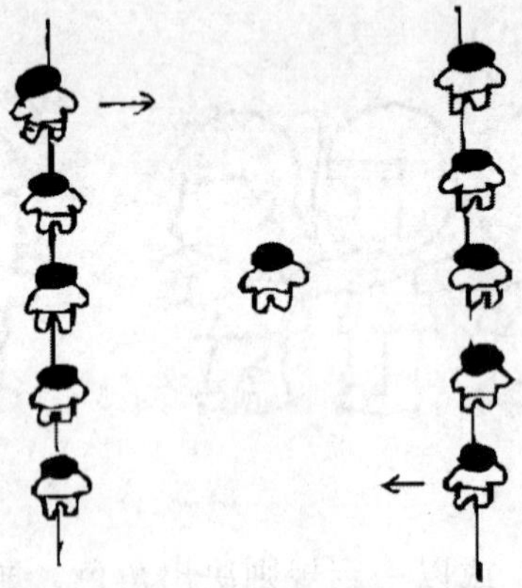

游戏规则：

（1）两人互换位置的时候，如果只有一方换过去，守卫喊出这个人名字的时候，也算被发现。

（2）换位动作完成之前，守卫喊出名字才有效，等位置换完之后，再喊名字便是无效。

注意事项：

（1）此游戏适合在课的开始部分进行。

（2）进行换位的学生也可在教师指导下统一做多种动作。

10. 清洁工

游戏目的：发展身体的灵活性、协调性，特别是髋、腰部肌肉的协调能力。

游戏准备：在光滑的地板上，准备10~15米跑道两条，方巾两条（边长80厘米）。

游戏方法：全班学生分成两大组。每组队员一分为二，迎面站立。以迎面接力的形式进行游戏。移动过程中，学生两脚踩在方巾上，在地上搓地前进，到达对面时将方巾交接给队友。先完成的一组为胜。

游戏图示：

游戏规则：

（1）两脚依次向前擦地，行进过程中脚始终不能离开方巾。

（2）在擦地过程中，若一脚滑出方巾或失误，可退回重来。

注意事项： 赛前做好髋、膝、踝关节的伸展活动。

11. 行走天下

游戏目的： 发展学生腿部力量，培养学生协作能力和合作意识。

游戏准备： 空地一块，画一直线做起点线，与之平行相距10米左右画一直线作为终点线。

游戏方法：

（1）全班学生等分成若干小组，每组10~15人。

（2）“蜈蚣行”。每组队员纵队站在起点线后，蹲下，后面队员抓住前面队员的腰。比赛开始，每组队员一边喊“1、2”，一边前进。队伍排尾最先经过终点线的队获胜。

（3）“螃蟹走”。“螃蟹走”与“蜈蚣行”大致相同，但准备时，每组队员都侧对起点线。比赛时采用横着走的形式。以所有队员跨过终点线为准。行走一次后，换到另外一侧。

游戏图示：

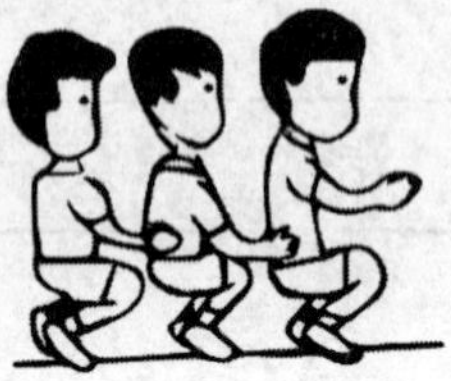

游戏规则：

（1）行进当中，每个人都必须蹲着行走。

（2）每一小组在行进过程中不能断开，断开者必须原地接上，否则成绩无效。

注意事项：

（1）分组时注意每组人数不可太少（游戏效果不佳），也不可太多（难以行走）。

（2）游戏前后做好上下肢的准备与放松活动。

12. 俘虏

游戏目的：发展灵敏素质，提高奔跑能力。

游戏准备：两顶帽子，画一个50米×10米的长方形的区域。

游戏方法：把学生分成两组，一组位于长方形的一边，另一组位于长方形的另一边。每一组派出一个人，戴着帽子往中心线前进，越过中心线，进入另一组的区域。谁先将对方帽子摘下来，就是优胜者。失败者成“俘虏”被带回来，立于对方阵地旁边。两队依次交换进行。

游戏图示：

游戏规则：

（1）两组所派的攻击手，在完成抢夺战之后就必须与下一位攻击手交换，回到自己组里，各组不准只派出最强的攻击手迎战。

（2）被“俘虏”的人一直站到游戏结束。

（3）如果其中一组将另一组的人全部击败为“俘虏”，这一组就获得胜利。

注意事项：可多组两队同时进行。

13. 抛球取物

游戏目的：发展学生快速、灵活的运动能力，以及对时间、空间速度的判断能力。

游戏准备：气球若干个，小木块若干块。将课桌挪向教室四周，中间空地放一张课桌，桌上分散放5块木块。在距离课桌两边3~4米处各画一条起点线。

游戏方法：学生两人一组进行比赛。发令后，两人在起点线处先将气球抛起，再立刻快速跑到课桌边拿一块木块，转身跑回原处接住下落的气球。接着以同样的方法，再抛球，再取木块。谁先拿到3块木块为胜。

游戏图示：

游戏规则：

（1）发令后，方可抛球起跑。

（2）取木块时，气球落地为无效。要把木块放回原处，重新做。

（3）必须在线外接球，否则无效。

注意事项：注意奔跑时的安全。

14. 双龙戏珠

游戏目的：发展下肢力量，培养协调配合能力。

游戏准备：20米长的场地一块，排球若干个。

游戏方法：将学生分成人数相等的两队，两队人数都为偶数。每队的前两名学生面对面站好，将排球用前额或前胸顶住。听到发令后横向前进，先到终点者得 1 分。依此类推，最后以得分多者为胜。

游戏图示：

游戏规则：

（1）不能用手去托排球。

（2）球落地时，将球在落地处拾起放好后，方可继续前进。

注意事项：

（1）游戏前，做颈部的放松运动。

（2）可以用其他球代替排球。

15. 托球跑

游戏目的：提高控制球的能力。

游戏准备：羽毛球拍一副，网球两个。

游戏方法：将学生分成人数相当的两队，每队第一人用羽毛球拍托着网球站好。听到笛声后，第一人托球前进并绕过标志杆返回，然后将球拍和球交给下一个队员。依此类推，以全队先完成者为胜。

游戏图示：

游戏规则：不准用手触网球。

注意事项：可以用乒乓球拍和乒乓球分别代替羽毛球拍和网球。

16. 吊瓶跑

游戏目的：提高动作的准确性和快速奔跑能力。

游戏准备：木棍和汽水瓶若干。在木棍一端系一条线绳，绳端吊一根铁钉。40米长的场地一块。

游戏方法：学生在起跑线后站好。听到发令后，跑到前方20米放瓶处，将铁钉从瓶口放入后把瓶吊起，跑至终点，以先到者为胜。

游戏图示：

游戏规则：瓶落地时，在原处吊好后方可继续前进。

注意事项：可以用啤酒瓶代替汽水瓶。注意瓶碎伤人。

17. 砸气球

游戏目的：发展协调性及快速奔跑能力。

游戏准备：50米长的场地一块，木槌若干，气球若干。

游戏方法：学生在起跑线后站好。听到发令后，跑至前方25米处，拿起木槌将用绳系在地面上的气球砸破。之后，继续跑至终点，以先到者为胜。

游戏图示：

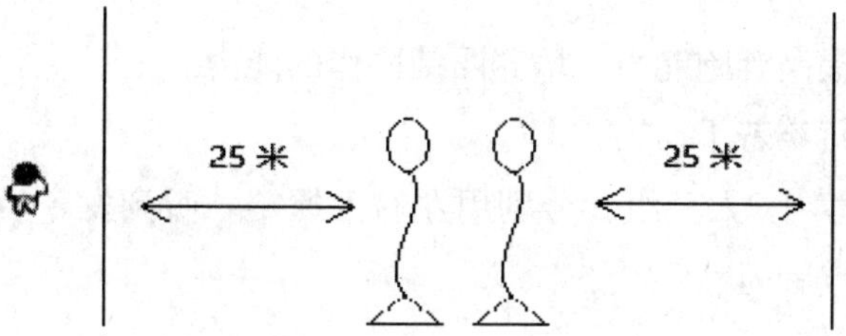

游戏规则：气球被砸破后，方可继续前进。

注意事项：可以用臀部将气球坐破。

18. 穿大鞋

游戏目的：发展腿部力量及身体协调性。

游戏准备：50米长的平坦场地一块，特制的大鞋若干。

游戏方法：学生站在起跑线后穿上大鞋。听到发令后，向前走或跑，先到终点者为胜。

游戏图示：

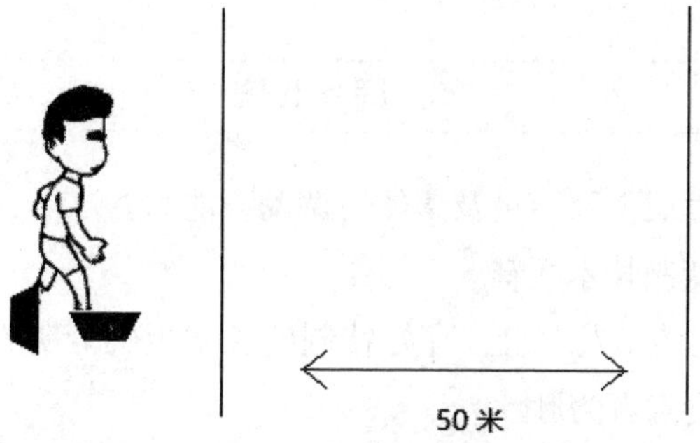

游戏规则：脚必须穿在大鞋内。

注意事项：头上可戴一个“大头人”进行。

19. 开火车

游戏目的：提高奔跑能力，培养团结协作的能力。

游戏准备：竹竿若干。

游戏方法：学生3人一组，分别用左右手握竿。听到发令后，集体扶竿向前跑，先到终点者为胜。

游戏图示：

游戏规则：必须集体进行，不得有人不扶竿或竿脱手，违者为犯规。

注意事项：可以根据学生实际情况，适当增减比赛距离。

20. 同舟共济

游戏目的：发展下肢力量及集体协调配合能力。

游戏准备：特制长木板鞋。

游戏方法：学生3人一组，穿好特制的长木板鞋。听到发令后，一起向前行进，以先到终点者为胜。

游戏图示：

游戏规则：3 人必须协调前进，不能有人不穿或脱离长木板鞋。

注意事项：可以男女混合编组。

21. 搂腰拔河

游戏目的：发展全身力量，培养集体主义精神。

游戏准备：平坦场地一块，画出两条距离为1米的标记线，选择两根非常结实的短棍。

游戏方法：把学生分成两个小组，人数相同，小组之间面对面站立。每小组人数不宜过多，3~6人为宜。两个小组中，最前端的学生面对面握住短棍，后面的学生则一个接一个地抱住前面学生的腰部，串联在一起。教师发出命令后，小组成员便使劲往后拉，将对方拉到规定的标记线后，则判定为赢。

游戏图示：

游戏规则：任何一方松开短棍，或者队伍脱节，或者摔倒等，都判定为失败；假如在规定时间里双方僵持不下，则算平局。赛制为三局两胜制。

注意事项：适当掌握时间，不宜争持过久。

22. 传红旗比快

游戏目的：提高学生奔跑能力与快速反应能力，培养学生团结互助的精神。

游戏准备：小红旗两面。

游戏方法：将学生分成人数相等的两组，成两路横队，各排头手持一面红旗。发令后，排头将红旗传给第二个人，第二个人再传给第三个人，依次传下去，红旗传到排尾后排尾立即举旗跑到本队排头，站好再按上述方法传，直到每人都跑过一次后游戏结束。以队伍整齐传得快的为胜，采用三局两胜制，输队表演节目。

游戏图示：

游戏规则：

（1）传旗时要依次进行，中间不得有间隔。

（2）跑动时要将红旗举起。

注意事项：注意跑动中的安全。

23. 夺红旗比快

游戏目的：

（1）发展学生快速奔跑能力与团结协作的能力。

（2）培养学生勇于挑战、勇于战胜困难的意志品质。

（3）学生能积极地参与活动并体验运动的快乐。

游戏准备：平坦场地一块，画一条起点线，线前1米处各画一条预备线。小红旗3面，距起点线15~20米处插两面小红旗，场地的中间插一面小红旗。

游戏方法：把学生分成人数相等的两队，站在预备线后。发令后各队第一人迅速前跑，绕过对面的小红旗回来拍本队第二人的手后站在队尾。依次按上述方法进行，最后一人绕小红旗后迅速跑向中间取小红旗，以先夺到小红旗的队为胜。

游戏图示：

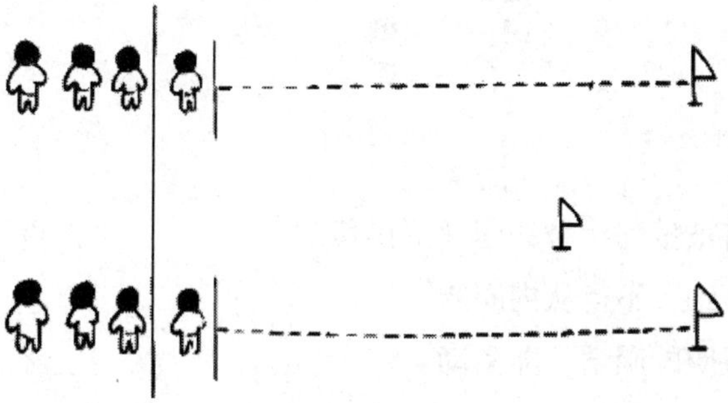

游戏规则：绕小红旗时必须从后面走。

注意事项：注意跑动中的安全。

24. 歼灭奸细

游戏目的： 发展奔跑能力和快速反应的能力。

游戏准备： 平坦场地一块。

游戏方法： 队员手拉手站成一个大圆圈，把手放下，规定一个同学代号为1，然后2、3、4、5……依次报数，每个人记住自己的代号。教师站在圆圈中心，当教师喊任意一个数，如8号时，8号同学左侧的同学即成为“奸细”，“奸细”马上绕队伍一圈逃跑，8号同学去抓。若跑一圈回到原位没被抓住，则“奸细”胜利。如果在跑的过程中，“奸细”被8号抓住，则“奸细”逃跑失败。

游戏图示：

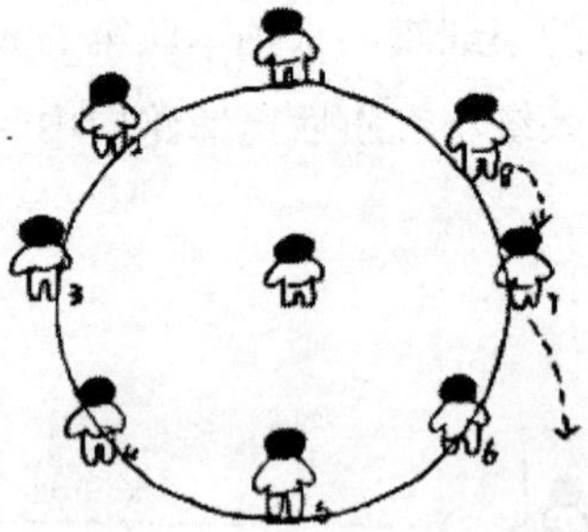

游戏规则：

（1）没有被喊到代号的同学不得移动。

（2）“奸细”不得从内圈跑。

（3）站成圈的同学不能乱动。

注意事项： 注意及时做出反应，注意跑动中的安全。

25. 一切活动听指挥

游戏目的： 培养学生的注意力、快速反应的能力。

游戏准备： 准备一面红旗。选择一块平坦的场地，画出两条平行线，分别是起点线和终点线，之间距离为20米。

游戏方法：将学生分成4个小组，以纵队的方式站在起点线之后，教师站在学生对面的终点线上，手持红旗，指挥学生行动。举起红旗表示停，放下红旗表示走。

游戏图示：

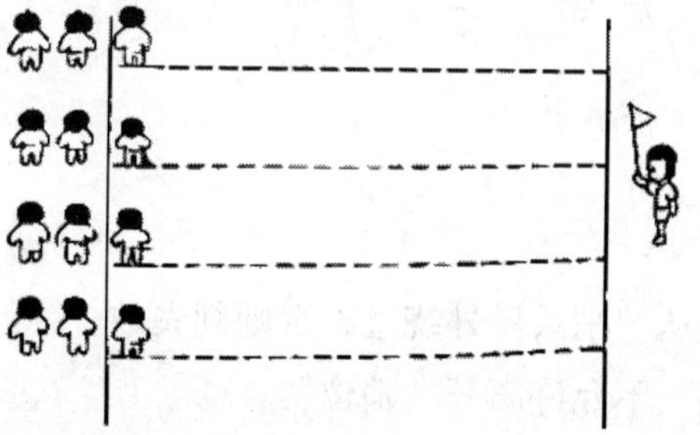

游戏规则：每个小组的成员按照规定前行，学生彼此监督。

注意事项：游戏中，可以调整队形或者调整动作。比如可以通过跳和跑等动作进行游戏，加大游戏难度，提高学生的热情。另外，还可以根据交通规则进行游戏，让学生掌握基本的交通规则。

26. 越过岗哨

游戏目的：培养学生快速反应的能力及跑动的能力。

游戏准备：方凳两个，手帕一块。

游戏方法：在学生中指定一人做哨兵，用手帕蒙住眼睛，两方凳间隔3米作为哨位。游戏开始后，大家设法通过“哨位”。“哨兵”在两凳之间自由活动，想方设法拍击“偷越者”。被拍到者与“哨兵”互换，游戏继续进行。

游戏图示：

游戏规则：

（1）不允许从“哨兵”外绕过，否则判失败。

（2）“哨兵”不允许离开“哨位”。

（3）如“哨兵”3次没有拍到“偷越者”，另换一人为“哨兵”。

注意事项：可根据学生的身体素质情况进行变化，如不用蒙眼睛，扩大“岗哨”距离等。

27. 传球快跑

游戏目的：培养学生奔跑能力、竞争能力和合作能力。

游戏准备：准备4个实心球。在平坦的场地上画两条平行线，相距20米，分别作为起跑线和终点线，并且终点线外画有两个圆圈。

游戏方法：将学生分成人数相等的两组，纵队站在起跑线之后。站在最前面的学生手持两个实心球跑到终点线，将实心球放进圆圈内返回，与第二人击掌。第二人跑到终点线将实心球抱回，交给第三人。依此循环，最早完成的小组获胜。

游戏图示：

游戏规则：持球跑时，如实心球掉到地上，应拾起继续跑。接球人不准越线。

注意事项：注意跑动中的安全。

28. 螺旋接力

游戏目的：培养学生的奔跑能力、反应能力、竞争能力。

游戏准备：篮球场，秒表一块。

游戏方法：将学生分成人数相等的甲乙两队，一队在螺旋跑入口处准备好，另一队休息。裁判鸣哨后，甲队排头开始起跑，跑到圆心后再按原路返回，与第二人击掌。第二人按上述规则重复，直到全队做完，裁判鸣哨并停表，公布其时间。乙队按同样的方法进行。哪队用的时间少，哪队为胜利方。

游戏图示：

游戏规则：每队的队员只能做一次，且必须按所画的跑道跑动。如果踩线或越过跑道就算违规，并罚其回到原入口重跑。

注意事项：做游戏前把身体各关节活动开，特别是踝关节，以免受伤。

第二节　跳跃类

1. 编花篮

游戏目的：锻炼学生的肢体协调能力与灵活性，培养学生的合作精神。

游戏准备：平坦场地一块。

游戏方法：将学生分成人数相等的若干组，每组4人。每个人抬起一条腿，彼此缠绕，编成"花篮"。站立的腿随着歌谣蹦跳着转动。歌谣为："编，编，编花篮，花篮儿里面有小孩儿，小孩儿的名字叫花篮。蹲下起不来，坐下起不来……"坚持时间最长的组获胜。

游戏图示：

游戏规则：

（1）每人抬起一条腿相互搭好，单腿站立。

（2）节奏和动作一致。

（3）要念口令。

注意事项：游戏的过程中，教师要注重对学生平衡能力、节奏掌握等的练习。在这个过程中，教师要指导学生尽力保持身体平衡，注意彼此节奏的配合，避免摔倒等。

2. 猜拳前进

游戏目的：

（1）培养同学间的竞争与合作能力。

（2）培养学生勇于挑战、勇于战胜困难的意志品质。

（3）学生能积极地参与活动并体验运动的快乐。

游戏准备：宽阔平坦场地一块。

游戏方法：将学生分成人数相等的两队，成纵队站在起点线后，以“剪子、石头、布”猜拳向前跳跃前进，先到达终点的队为胜。

游戏图示：

游戏规则：

（1）两队各自进行，相互不干扰。

（2）“剪子、石头、布”猜拳，获胜方跳跃前进，输的一方保持不动，先到达终点的队为胜。

注意事项：跳跃站定后不可以动。

3. 小兔跳

游戏目的：

（1）培养学生间的竞争、团结合作意识。

（2）锻炼腿部力量、跳跃能力。

（3）学生能积极地参与活动并体验运动的快乐。

游戏准备：4个软式排球。

游戏方法：学生成四路纵队站立，排头每人用腿夹紧球。听到哨音后，两脚起跳，跳到终点，然后抱球跑回队伍，将球传给下一个同学，下一个同学依次起跳。先完成的队伍胜利。

游戏图示：

游戏规则：在途中若球掉了，需把球捡回，再重新开始。

注意事项：在跳的途中要注意安全。

4. 青蛙捉害虫

游戏目的：

（1）发展学生的跳跃能力。

（2）培养学生勇于挑战、勇于战胜困难的意志品质。

（3）学生能积极地参与活动并体验运动的快乐。

游戏准备：篮球场地一块，4个篮子，40个沙包。

游戏方法：把全班学生分成人数相等的4队，分别站在篮球场的四角，中间放4个篮子，里面各放10个沙包（沙包作为害虫）。听到教师口令后，每队排头用双脚跳动的方式跳到篮子边拿一个沙包，然后跳到队伍的后边。其他同学依次去拿沙包，哪个队先拿完，哪个队为胜。

游戏图示：

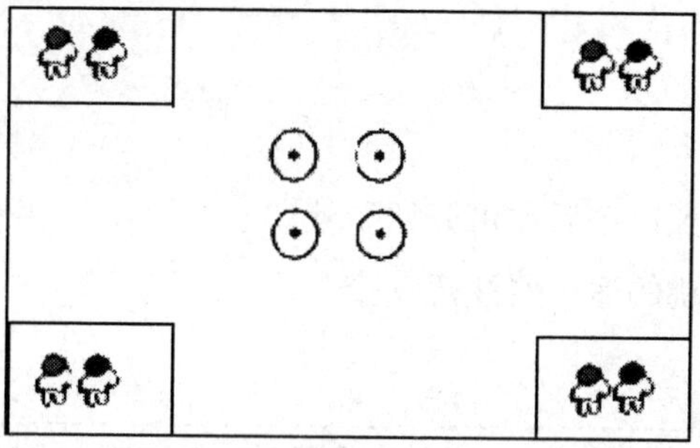

游戏规则：

（1）认真听教师口令。

（2）必须用双脚跳动的方式去捉“害虫”。

（3）不准过线。

注意事项：游戏进行的时候要注意安全。

5. 快快跳过障碍物

游戏目的：

（1）培养学生的竞争、团结合作的意识。

（2）发展腿部力量、跳跃能力。

（3）学生能积极地参与活动并体验运动的快乐。

游戏准备：平坦宽敞场地一块，12个易拉罐。

游戏方法：把学生平均分为4组，场地中间放3个易拉罐当障碍物。游戏开始，每组第一名学生以单脚跳（或双脚跳）方式依次跳过障碍物，然后跑回与第二名学生击掌，依次进行，先完成的组获胜。

游戏图示：

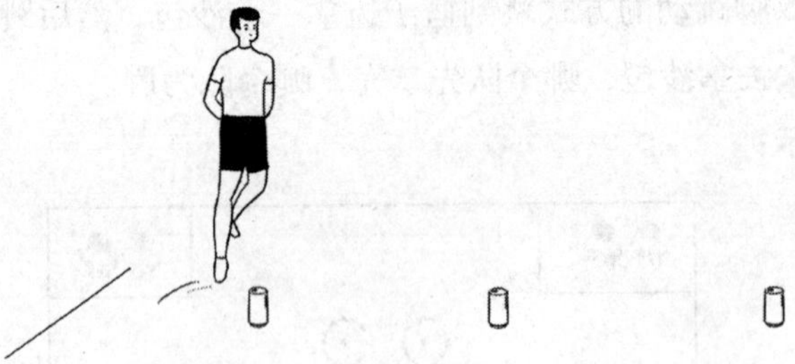

游戏规则：听到口令后方可开始游戏。

注意事项：在跳的途中要注意安全。

6. 动物跳池

游戏目的：锻炼学生的反应能力。

游戏准备：一根拔河绳。

游戏方法：

（1）从模仿动物的蹦跳开始。将拔河绳围成一个圆圈做跳池，让学生模仿动物（青蛙、兔子、小鸡等）往里跳。

（2）教师让学生在池外站好，教师吹哨，学生快速往圆圈里跳，看谁反应又快模仿动作又标准。

游戏图示：

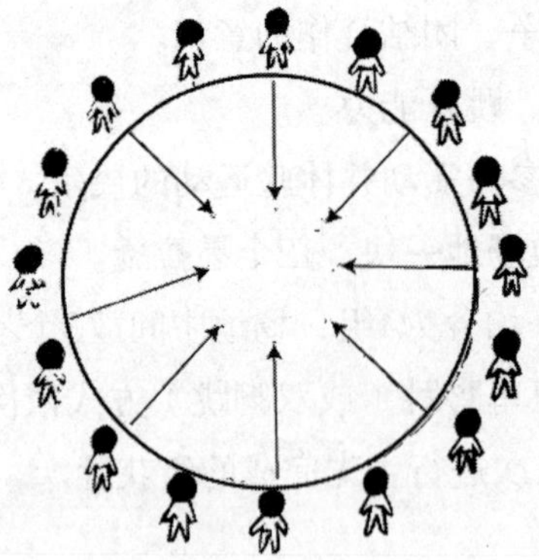

游戏规则：

（1）学生必须模仿动物。

（2）必须等教师吹哨再开始。

注意事项：模仿动作要标准。

7. 单腿支撑拉伸跳跃

游戏目的：培养竞争意识，发展平衡能力和全身协调用力的能力。

游戏准备：在地上画两个小圆圈，并准备一条结实的绳子。

游戏方法：两人一组进行比赛。开始时，两人分别进入自己的圆圈内，各握住绳子的一头，并都单脚支撑。发令后，双方用力拉，以把对方拉出圆圈外或使对方双脚着地者为胜。

游戏图示：

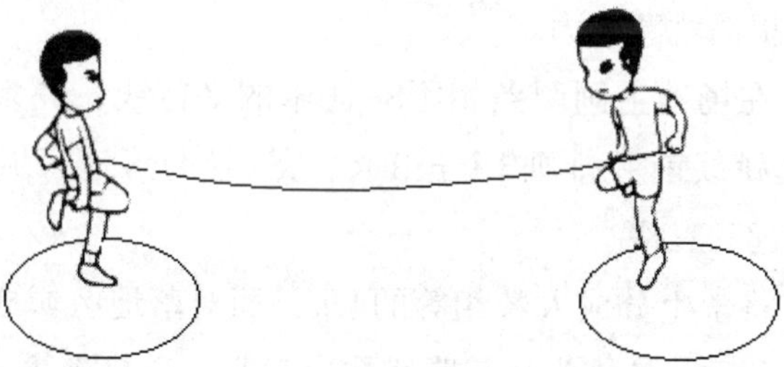

游戏规则：不得抢拉，不得将绳缠绕在手上，不得故意松手。

注意事项：可以先从双足落地开始，然后过渡到单足落地。

8. 袋鼠跳

游戏目的：发展下肢力量。

游戏准备：麻袋若干，一块50米长的平坦场地。

游戏方法：学生站在起跑线后，进入麻袋然后用双手拉起。听到发令后，向前跳跃，以先到终点者为胜。

游戏图示：

游戏规则：两手必须抓住麻袋，中途不许脱手。

注意事项：可规定动作如跳跃或跑的形式。注意安全。

9. 跳远比赛

游戏目的：提高跳跃能力。

游戏准备：在场地上画两条相距8~10米的平行线，一条为起跑线，一条为起跳线。起跳线前并排画3个长3米、宽1米的落地区域，区域划分为“近”“中”“远”三格。

游戏方法：将学生分成人数相等的4队，面对落地区域成纵队站在起跑线后。组织者发令后，各排头从起跑线快速起跑，至起跳线起跳，按落地的位置计成绩，落在“近”处得1分，“中”处得2分，“远”处得3分。依此类推。各队跳完一轮后，以积分多的队为胜。

游戏图示：

游戏规则：起跳时，脚踩起跳线不得分；落地时脚踩落地区域内的线，以低分记。

注意事项：做此游戏应注意安全。起跳线离落地区的距离与三区之间的距离长短，应根据学生的素质情况而定。

10. 立定跳远接力

游戏目的：提高学生的跳跃能力，强化学生的腿部力量。

游戏准备：在平坦的地面上画出起跳线。

游戏方法：将学生分成若干小组，每个小组成员数量相同，以纵队的形式站在起跳线后方。教师发出指令后，排头用立定跳远的方式向前跳跃，第一个人跳跃后，站到队尾，第二个人在第一个人落点的地方继续向前跳，依此循环。小组中成员全部跳完后游戏结束，跳得最远的小组获胜。

游戏图示：

游戏规则：

（1）排头都要在起跳线后开始跳跃。

（2）以立定跳远的方式跳跃。

（3）后一个人要在前一个人跳跃落脚的位置继续往前跳。

注意事项：教师对学生跳跃的技术进行指导，避免学生在跳跃中摔倒。教师也可以变换游戏方式，比如让每个学生连续跳3次等，丰富游戏方式。

第三节　投掷类

1. 炮轰敌营

游戏目的：

（1）发展上肢力量，提高投掷能力。

（2）培养学生勇于挑战、勇于战胜困难的意志品质。

游戏准备：在平坦的地面上画3个直径分别是3米、5米和7米的同心圆，表示对方的“指挥部”“军务处”和“哨所”，并且在距离圆圈20~25米处的位置画出一条线，为我方阵地，并且准备两个游戏性质的手榴弹。

游戏方法：将学生分成数量相同的两组，以纵队的方式排列，站立在我方阵地上。教师发出指令，两个排头将“手榴弹”扔到对方阵地中。落地的位置如果是“指挥部”，则得10分；如果位置是“军务处”，则得6分；如果位置是“哨所”，则得2分。依此进行，得分最多的小组获胜。

游戏图示：

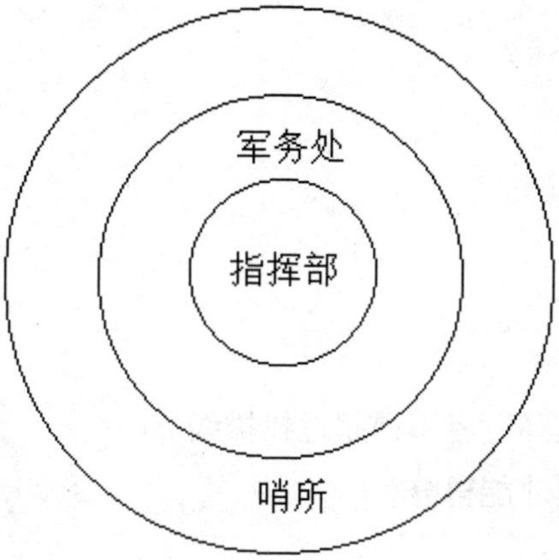

游戏规则：

（1）投掷“手榴弹”的学生要在我方阵地中投掷。

（2）“手榴弹”落在线上的时候，按照外线计分。

注意事项：

（1）进行游戏的过程中，学生要充分发挥腰部、腹部和臂膀的力量，把力量协调好，才可投到理想的区域中。

（2）参与游戏的学生之间要积极配合，相互指导，避免发生冲突。

2. 投手榴弹

游戏目的：

（1）发展上肢力量，提高投掷能力。

（2）培养学生勇于挑战、勇于战胜困难的意志品质。

游戏准备：若干篮子、垒球（或其他合适的物品，如沙包等）。

游戏方法：把学生分成人数相等的若干队，学生对面放若干篮子，学生将垒球（或其他合适的物品，如沙包等）投入篮子里得1分。每队学生的得分相加，得分多的队获胜。

游戏图示：

游戏规则：

（1）投掷“手榴弹”者不得超过投掷线。

（2）投到篮子里才能得分。

注意事项：

（1）活动前，学生的腰、腹、臂要充分活动开。

（2）注意学生之间的交流，不要产生矛盾。

3. 投准

游戏目的：提高注意力，发展上肢动作的精准性，培养良好的距离感。

游戏准备：课桌不动，在课桌前2米画一条限制线，小沙包若干个。

游戏方法：利用教室课桌为投准目标，学生站在限制线外，每人4个小沙包，面对课桌站好。要求把小沙包分别投到前4张课桌上，全部投上为4分，投上3个为3分，依此类推，得分多者为胜。

游戏图示：

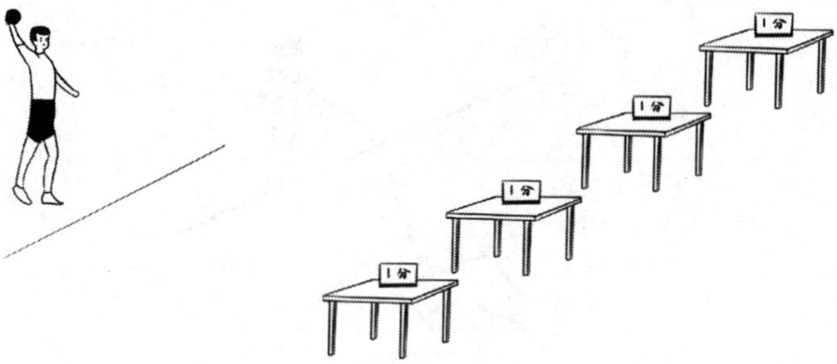

游戏规则：不得超过限制线，不得将2个沙包抛在一张桌子上，否则投中不计分。

注意事项：可将4张桌子放在远近不同的位置，并标出若干不同的分值，学生根据自己的情况选择抛向哪张桌子。

4. 青蛙跳水

游戏目的：

（1）发展上肢力量，锻炼投掷能力。

（2）培养学生勇于挑战、勇于战胜困难的意志品质。

游戏准备：在篮球场上画一条起投线，离线1.5米处画3个50厘米×50厘米的方块，每个方块间隔2米，在方块前1.5米处放置3个小桶。准备乒乓球（或小皮球）3个。

游戏方法：将学生分成人数相等的3个小组，小组以纵队的方式站在起投线后，排头手里持有一球。教师发出指令后，排头将球投到地面的方块中，然后球从方块中弹起，进入桶内后，可得1分，没有进入桶内的不计分。然后学生将球捡起来交给下一个学生，回到队尾，第二人继续投球，直到整个小组的学生都进行投球后，游戏结束。获得分数最高的小组获胜。在时间允许的情况下，可以按照三局两胜制进行比赛。

游戏图示：

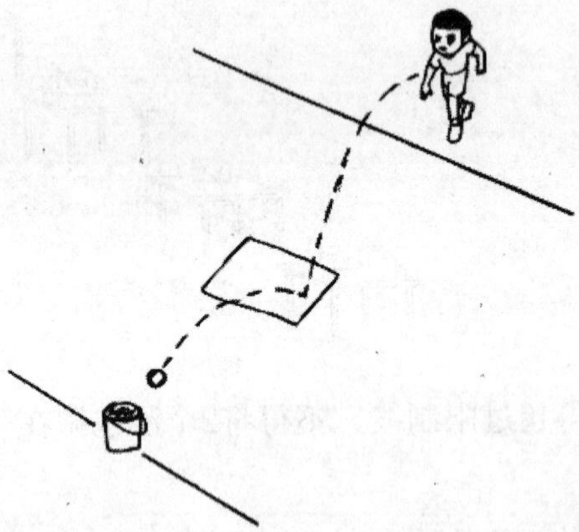

游戏规则：

（1）在教师发出指令前投球，或者投球的时候踩到线上，则投球不管是否投中，都为无效。

（2）在方块外投进球无效。

注意事项：注意学生间情感交流，禁止相互干扰。

5. 抛实心球比赛

游戏目的：发展学生的力量素质，强化学生的身体协调能力。

游戏准备：在场地上画一条投掷线，线前8~12 米（视学生水平而定）处画一条得分线。实心球若干。

游戏方法：将学生分成人数相等的两组。每组第一名抛球的学生与组内其他成员间隔 2 米站在投掷线后，每人一个实心球。游戏开始，第一名学生双手持球，面向投掷方向，做一两次预摆，然后下蹲，接着两腿用力蹬地，两臂前上摆，迅速将球向前抛出，球过得分线者得 1 分，不过线者不得分。接着换第二名学生，全部抛完后，以累计得分多的组为胜。

游戏图示：

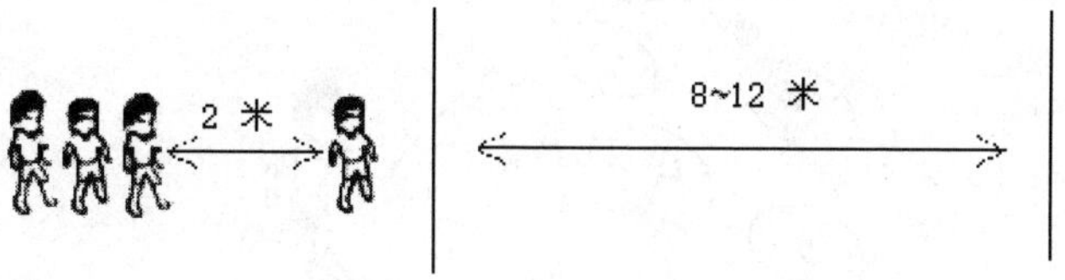

游戏规则：

（1）抛球时两脚不得踩越投掷线。

（2）须用规定的前抛姿势抛球。

（3）球落到线上即可得分。

注意事项：

（1）注意安全。

（2）可画两条得分线，标明不同的分值。

（3）可用其他的抛球方式进行，如向后抛球、肩上推球等。

6. 看谁得分多

游戏目的：提高投掷的准确性。

游戏准备：准备两个沙包。在平坦的场地上画一条直线，视为限制线，在距离这条线15米处的位置上，画几个标有数字的圆圈。

游戏方法：将学生分成人数相等的两个小组，以纵队的方式站在限制线后，排头手持沙包。教师发出指令之后，排头将沙包丢出，丢中圆圈中所画的数字，便是得分。然后教师再次发出指令，学生马上捡回沙包交给后面的学生，第二个学生继续按照此方法将沙包丢出，得分最多的小组获胜。

游戏图示：

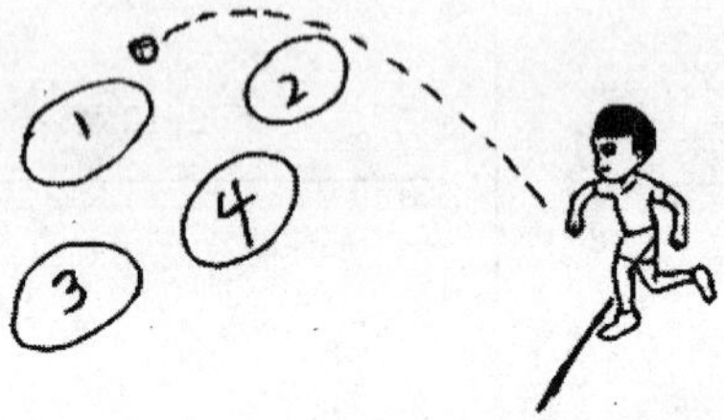

游戏规则：沙包没有丢进圆圈中，或者在线上，则不计分。

注意事项：教师要具体按照学生的情况，比如年龄、身高等来确定圆圈离限制线的距离。

7. 投接比赛

游戏目的：发展速度、灵敏性、投掷能力和协调能力。

游戏准备：绳结4个。在场地上画两条相距4米的平行投掷线。

游戏方法：将学生分成人数相等的4队，各队成一路纵队站在同一条投掷线后。组织者发令后，各队排头手持绳结跑到对面投掷线后，将绳结投给本队的第二人，自己退回本队排尾。第二人接住绳结后，按第一人的方法继续进行。依此类推，最后以先完成（以最后一人投回，排头接住绳结的时间为准）的队为胜。

游戏图示：

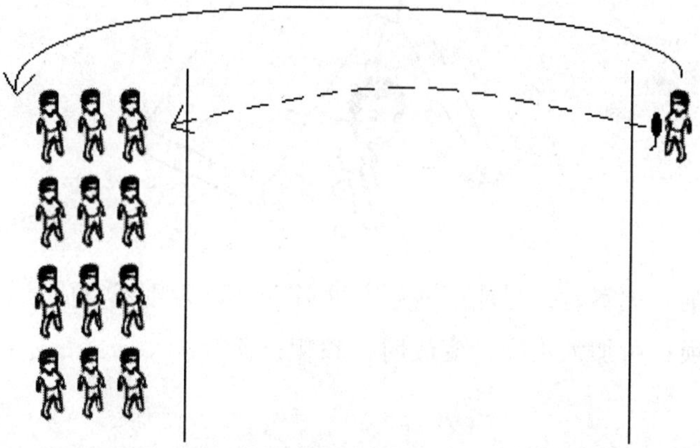

游戏规则：

（1）必须在投掷线后投、接绳结，否则应重做。

（2）接绳结脱手应掷回重新投掷。

注意事项：此游戏可规定投与接的方式。

第四节　攀爬类

1. 手、膝爬行

游戏目的：发展身体的协调性、灵活性，锻炼上下肢关节的支撑能力。

游戏准备：连接体操垫，排列成爬行通道，约10米。

游戏方法：准备时，学生在体操垫一端两膝跪下，体前屈，两臂在肩下撑直，弓背目视前方。听到教师口令后，迅速以两手、两膝支撑爬向终点。最后用时最少的人获胜。

游戏图示：

游戏规则：比赛时，只能用两手、两膝着地，否则不算成绩。

注意事项：可加大难度，变成肘、膝爬行比赛。

2. 钻隧道

游戏目的：发展下肢力量和全身协调动作的能力。

游戏准备：两头开口的长布袋（5米左右）若干。

游戏方法：学生在起跑线后站好。听到发令后，跑至布袋入口处，快速从口袋中爬行至出口处钻出，再向前跑到终点，以先到者为胜。

游戏图示：

游戏规则：必须从布袋内部通过方可向前跑进。

注意事项：此游戏可分组进行。分组时，两组力量协调搭配。

小　结

水平一阶段的学生，主要是一年级和二年级的小学生。这些学生身体比较柔软，肌肉虽然弹性比较大，但是力量小，不具备一定的耐力。他们的运动觉有所发展，可以进行简单的运动，能对简单的动作进行控制。不足的是，他们的腕骨、掌骨、指骨等的发育才刚开始，神经系统还不能对小肌肉的活动进行有效的控制，所以手部小动作的精准度很低。水平一阶段的学生，心脏体积只有成年人的三分之一，发育还不完全，但是供血方面要满足的身体体积是成年人的二分之一，因此他们的静息心率较成年人的静息心率高；呼吸肌不发达，肺活量小，但是新陈代谢量大，呼吸频率要比成年人快；肩部和手臂力量小，反应较慢。基于此，对这一阶段的小学生，体育游戏要以发展上肢力量为主，且对学生反应能力的要求不宜过高。

水平一阶段的学生，年龄大部分介于6到8岁之间。该年龄段的小学生活泼好动，缺乏纪律性，在体育课堂中，更应该设置生动有趣的体育游戏来吸引小学生的注意，将走、跑、跳、投等运动以游戏的方式进行，让学生在游戏中锻炼身体，提升学生的运动能力。水平一阶段的学生，对游戏充满热情，体育游戏的设计要精心，保证游戏的质量和趣味性。对于一、二年级的学生而言，幼儿园阶段的各种游戏依然没有完全退出生活，小学阶段的体育教学中，要为这些学生的学习方式转变提供一个过渡期。一方面，体育游戏要满足小孩爱玩的天性；另一方面，要将教育目的融入体育游戏中，促进小学生良好品质和行为的养成。

体育游戏应根据一、二年级体育教学内容和教学目标进行创编。在实际教学中，体育游戏能提升学生的运动能力，对学生的健康测试成绩有所改善。将体育游戏嵌入体育教学中，有利于学生运动技能的学习与巩固，有利于提高学生的学习兴趣。体育游戏的引入，很大程度上弱化了体育项目训练的枯燥性，强化了体育项目训练的娱乐性，在轻松、愉悦、热闹的气氛中，每个学生都能够投入体育游戏中进行体育项目的训练。体育游戏一方面可以让更多的学生发现体育锻炼的魅力；另一方面可以更显著地提升学生的身体机能，促进学生良好品质的形成。

第五章　小学3~4年级（水平二）体育游戏

第一节　走跑类

1. 赶猪

游戏目的： 锻炼学生的上肢力量，提高用力的准确性。

游戏准备： 普通硬化操场或塑胶跑道，足球4个，栏架4个，接力棒4根。

游戏方法：

（1）将学生分成人数相等的4队，每队成一路纵队面向栏架站好。

（2）教师发令后，各队排头同学用接力棒，推一个小足球向前行，将足球赶进球门，即将“猪”赶进“圈”。然后再把足球赶回来，交给下一名同学做，先做完的队为胜。

游戏图示：

游戏规则：

（1）必须将足球赶进门才可返回。

（2）不得用脚踢足球。

（3）不可以大力击打足球。

注意事项：

（1）注意交接棒时的安全，不可随意抛接接力棒。

（2）不可提前出线抢棒。

2. 接力跑

游戏目的：

（1）发展学生的快速奔跑能力和协调性。

（2）发挥学生的合作能力，培养集体荣誉感。

游戏准备：普通硬化操场或塑胶跑道，接力棒4根，标志物4个。

游戏方法：

（1）将学生分成人数相等的4个小组，每个小组成一路纵队面向起跑线站好。

（2）教师发令后，小组的排头手持接力棒跑到标志物处，绕过标志物后跑回起点，将接力棒交给下一名同学，自己站回排尾。依此类推，最后一名队员先回到起点的小组获胜。

游戏图示：

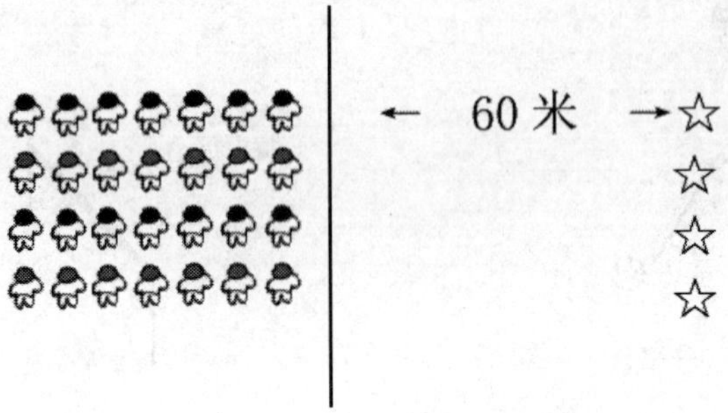

游戏规则：

（1）必须在起跑线后接棒，不能抢跑，犯规组被淘汰。

（2）交接棒的过程不能扔棒。

注意事项：

（1）中途掉棒，要捡起来，不能抢棒。

（2）注意交接棒的安全，交接棒的两人要错开跑，相邻两组间隔足够空间。

3. 胸前贴纸跑

游戏目的：发展学生的奔跑能力。

游戏准备：普通硬化操场或塑胶跑道，报纸4张，标志物4个。

游戏方法：

（1）将学生分成人数相等、水平相近的4个小组，面向起跑线站成一路纵队。

（2）比赛开始后，每组第一名同学将报纸放在胸前位置，快速向前跑，到达标志物处折返，跑回后将纸交给下一名同学。依次类推，最先完成的组为胜。

游戏图示：

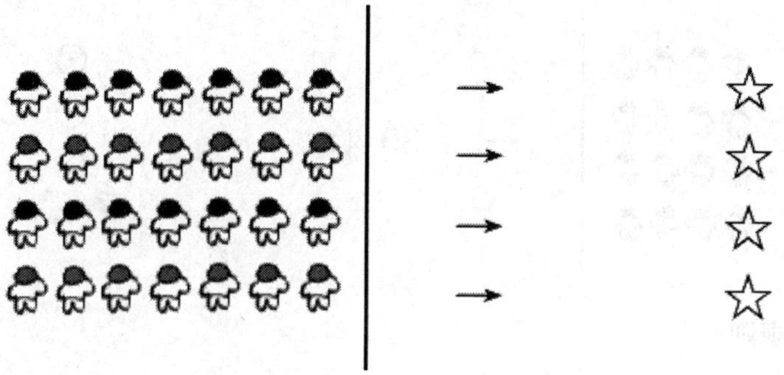

游戏规则：

（1）跑动过程中，纸落地则该名同学返回起点开始重新跑（若是返回途中则从标志物处开始重新跑）。

（2）手不能扶纸，也不能用其他方式固定纸。

注意事项：赛前准备的纸张大小要合理，避免奔跑时纸张遮挡学生视线，发生危险。

4. 插旗拔旗

游戏目的：提高学生的团体协作能力和运动耐力。

游戏准备：普通硬化操场或塑胶跑道，地标4个，小红旗4面。

游戏方法：

（1）将学生分成人数相等的4个小组，每一小组前面放有一个地标，间距为30米。

（2）游戏开始，每一小组的第一位同学手拿小红旗快速跑到地标处，将小红旗插在地标里，然后再快速跑回去击第二位同学的手。接着第二位同学快速跑到地标处将小红旗拔下，手拿小红旗跑回去击第三位同学的手。其他同学依此类推，先完成的组为胜。

游戏图示：

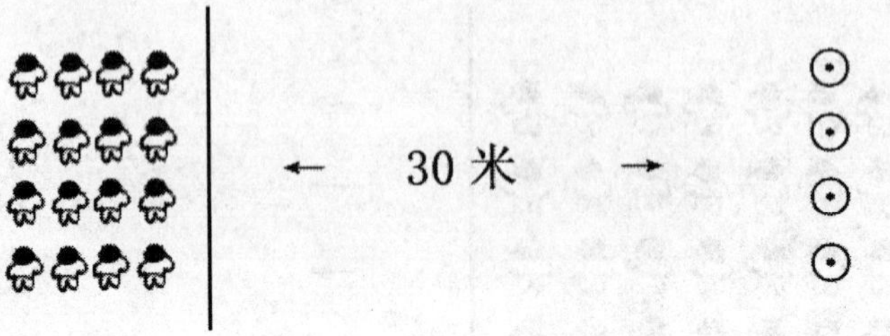

游戏规则：

（1）必须将小红旗插进地标。

（2）返回后必须击下一位同学的手。

（3）做完的同学必须有次序地到后面排队。

注意事项：提醒学生必须将小红旗准确插入地标内。

5. 欢乐转转跑

游戏目的：培养学生的快速反应能力，发展学生的奔跑能力。

游戏准备：普通硬化操场或草地，呼啦圈若干，录音机，音乐《小兔子快跑》。

游戏方法：

（1）学生若干人一组，围成一个大圈，中间放若干个呼啦圈，呼啦圈数量少于学生人数。

（2）音乐响起，同学们围成大圈慢跑。

（3）音乐停止，大家跳入最近的呼啦圈内。

游戏图示：

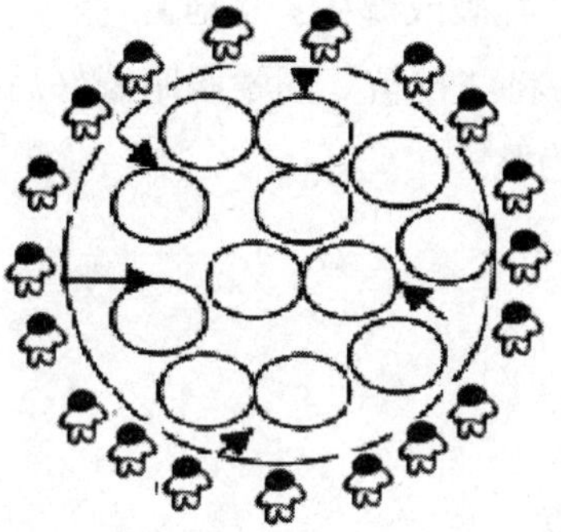

游戏规则：

（1）音乐停止时，人一个呼啦圈，没有抢到呼啦圈的同学被淘汰。

（2）每轮游戏应减少一个呼啦圈，留到最后的同学为胜。

注意事项：

（1）游戏过程中提醒学生，尽量跳入离自己最近的呼啦圈内，避免多人跳入同一个呼啦圈内又慌忙分开的情况出现。

（2）本游戏根据“丢手帕”游戏改编，由单纯的追跑演变为抢、跳及奔跑、反应能力等素质的训练。本游戏属集体性游戏，最多可扩大至15人一组，建议不超过20人。

6. 闭眼排雷

游戏目的：

（1）培养学生的小组合作能力。

（2）激发学生的游戏兴趣，让学生充分体会参与的快乐。

游戏准备：普通硬化操场或草地，气球若干。

游戏方法：

（1）将学生分成人数相等的若干组，每组选一人当排雷者，站于起始线后，并用布遮住双眼。

（2）在起始线至终点线间为雷区，不规则地安放气球。其余人员在终点线指挥这名学生排除（扎破或挪移）“地雷”。

（3）每组开始前，将“排雷”同学眼睛蒙好后再开始安放“地雷”，单位时间内排除多的组为胜。

游戏图示：

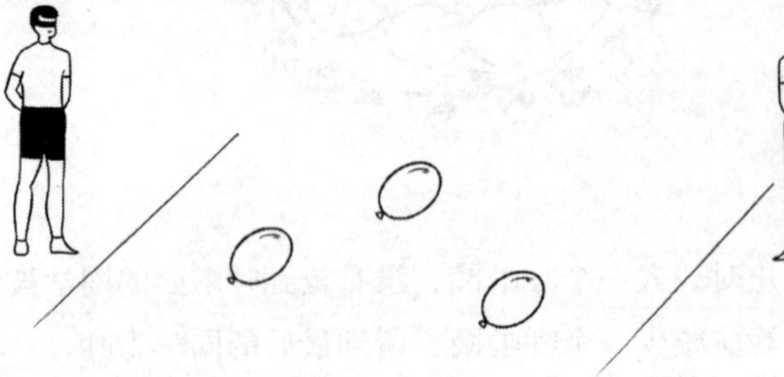

游戏规则：

（1）必须听到教师哨音后才能开始游戏。

（2）游戏中不得摘掉眼罩或偷看。

注意事项：

（1）比赛方式为分好组后，每组依次进行比赛。

（2）在一组进行比赛时，其余组的成员不可以干扰比赛（如：移动“地雷”、给“排雷”者错误指导等）。

7. 曲线钻洞

游戏目的：发展学生的快速移动能力和身体协调性。

游戏准备：普通硬化操场或草地。

游戏方法：把学生分成人数相等的两队，各排成一列横队，手牵手高举站立。游戏开始，各队排头依次沿曲线钻洞到排尾站好，同时喊“到”，第二人听到后再用同样的方法进行，直到每个人都跑完一次，先完成的队为胜。

游戏图示：

游戏规则：

（1）钻洞时不能隔人。

（2）跑到排尾站好喊“到”后，第二个人才可以钻，否则犯规。

注意事项：

（1）注意两队相互间隔一定距离，避免相互干扰。

（2）注意一队队员之间，两人间隔足够大，双手尽量举高。

8. 喊数抱团

游戏目的：发展学生的反应能力。

游戏准备：普通硬化操场或草地。

游戏方法：

（1）让学生排成一列纵队，围圈慢跑。

（2）教师喊出数字，学生根据数字是几，则几人抱成一团，不符合要求的人淘汰。

游戏图示：

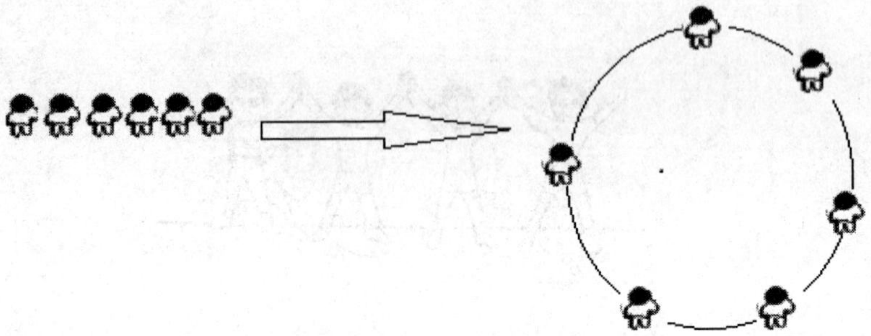

游戏规则：学生必须跑动均匀，并且间隔一定距离，不可聚成一堆。

注意事项：提醒学生就近选择同伴。

9. 喊数接球

游戏目的：发展学生的反应能力。

游戏准备：普通硬化操场或草地，软式排球一个。

游戏方法：

（1）让学生排成一列纵队，围圈慢跑，给学生排序号，选择一名学生到中间抛球。

（2）中间学生喊出数字的同时将球抛向高空，被喊到的同学快速跑出来接球，其他同学快速散开。

（3）被喊到的同学接住球后喊“停”，其他同学停住不动，由持球同学拿球打任意一名同学，打中则换该名同学进圈内，没打中由此同学继续在圈内。

游戏图示：

游戏规则：

（1）学生必须跑动均匀，并且间隔一定距离，不可聚成一堆。

（2）抛球必须有一定高度，必须垂直上抛。

（3）只可击打腿部及以下部位。

注意事项：持球的同学应就近选择易打中的目标。

第二节　跳跃类

1. 角斗士

游戏目的：

（1）发展学生的单腿跳跃能力。

（2）发展学生的平衡能力。

游戏准备：普通硬化操场，画直径2米的圆若干。

游戏方法：

（1）学生两人一组，在圆中以独脚斗鸡的姿势站好（一只手抱住一只脚）。

（2）游戏开始，先将对方用腿推出圈外或将对方脚先斗落地面的人获胜。

游戏图示：

游戏规则：

（1）在比赛的过程中，必须用一只手抱住一只脚，不能张开双手来维持身体平衡。

（2）比赛过程中，只能用腿来攻击将对手挤出圈外，不可以用手推拉对手。

注意事项：注意比赛过程中学生的安全。

2. 小青蛙过河

游戏目的：发展学生下肢的力量。

游戏准备：普通硬化操场或篮球场。

游戏方法：

（1）将学生分成人数相等的4组，成4路横队面对起点线。

（2）听到教师发出“开始”命令后，第一组同学开始模仿小青蛙，以蛙跳的动作跳至终点（10米）。然后第二组同学继续，直到所有组都完成。

（3）跳的步数最少的同学获胜。

游戏图示：

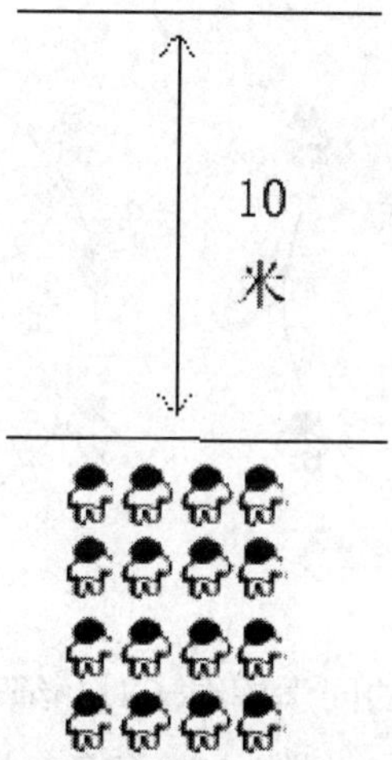

游戏规则：必须双脚跳跃。

注意事项：模拟立定跳远的技术要领。

3. 打鸭脚

游戏目的：

（1）发展学生的反应、灵敏能力。

（2）发展学生腿部的跳跃能力。

游戏准备：普通硬化操场或篮球场，大绳一根。

游戏方法：

（1）以组为单位，把全体学生分成人数相同的两组，每组站成一个圈，半径3~4米。

（2）中间站一名同学，手持大绳，蹲在地上用大绳扫地，扫到谁的脚，谁就快快跳起来。

游戏图示：

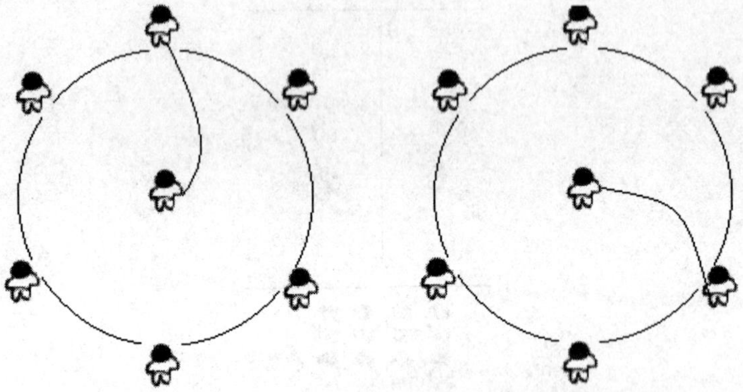

游戏规则：站在圆心的同学挥绳子时，绳子必须贴近地面，不可抬起。脚碰绳子或没跳过的同学，到圆心交换角色，游戏重新开始。

注意事项：如果是女生在圆心，可适当换为小绳。

4. 原地单人大小绳同跳

游戏目的：

（1）发展学生上下肢的协调能力，提高学生对跳绳的兴趣。

（2）发展学生的判断力。

游戏准备：大绳若干，小绳若干。

游戏方法：

（1）学生3人一组，每队的两名摇绳者持大绳站在两端，另一名同学持小绳站在中间。

（2）听到口令后，大、小绳同时由后向前摇，学生同时跳过两个绳计数1次。

游戏图示：

游戏规则：

（1）大、小绳同时跳过计数1次。

（2）第一次没跳过可以重新开始。

注意事项：

（1）3人动作一致，可由一人发口令，便于统一配合。

（2）大绳要与小绳同步，3人要主动配合。

5. 单跳编花

游戏目的：

（1）发展学生上下肢的配合能力和肩关节的灵活性。

（2）提高学生单人跳绳的难度，增加跳绳的趣味性。

游戏准备：跳绳若干。

游戏方法：与单人单摇跳相似，只是向后摇。学生双臂先向后直摇一次，同时双足跳过，然后双臂胸前交叉再往后摇一次，再跳过一次，如此反复。

游戏图示：

游戏规则：

（1）双臂先向后直摇一次，双足跳过，然后胸前编花至向后摇跳，计数1次。

（2）胸前编花至向后摇跳一次进行。

（3）以编花跳过的次数多少排列名次。

注意事项：

（1）两臂胸前交叉是难点，易犯错误是摇不起绳。

（2）调整好绳的长度。

6. 同心协力争上游

游戏目的：发展学生的下肢力量和平衡能力。

游戏准备：普通硬化操场或草地。

游戏方法：将学生分成人数相等的两组，分别手拉手成一排，然后每人将右脚放在右手臂上，进行顺时针转圈单脚跳。两组一同进行，看哪组跳的时间长。

游戏图示：

游戏规则：

（1）不准原地跳。

（2）先失误一方为输。

注意事项：比赛进行的过程中，所有人必须右脚离地，整体队伍不能散开。

第三节　投掷类

1. 看谁投得远

游戏目的：发展学生的上肢力量。

游戏准备：普通硬化操场或草地，沙包若干。

游戏方法：

（1）将学生分为人数相等、水平相近的4队，成纵队站于起投线后，在起投线前画4条虚线，划分不同的得分区域，最高4分，最低1分。

（2）每队成员按顺序用力往前投沙包，每队成员全部投完后计算总得分。

游戏图示：

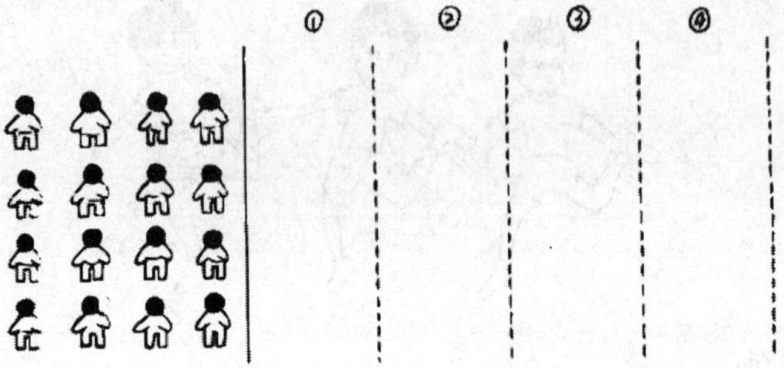

游戏规则：

（1）投掷时不得越线，必须从线后投掷，否则犯规判失分。

（2）以总分多的队为胜。

注意事项： 注意学生在投掷的过程中，其他学生不得随意跑到投掷区域，注意安全。

2. 投活动靶

游戏目的：

（1）发展学生的上肢力量。

（2）提高学生投掷的准确性。

游戏准备： 普通硬化操场或草地，沙包若干，活动靶4个。

游戏方法：

（1）将学生分成人数相等的4队，成纵队站立，学生手握沙包，面对活动靶。

（2）每队成员依次听口令瞄准、投掷，投中得1分，每队成员全部投完后计算总得分。

游戏图示：

游戏规则：

（1）必须从线后投掷，否则犯规判失分。

（2）听到教师口令后再投掷，投中目标得分。

注意事项：注意学生在投掷的过程中，其他学生不得随意跑到投掷区域，注意安全。

3. 倒抛实心球

游戏目的：

（1）发展学生的上肢力量。

（2）发展学生的腰腹力量。

游戏准备：普通硬化操场或草地，实心球4个。

游戏方法：

（1）将学生分为人数相等的4队，排成四路纵队。

（2）每队成员依次倒抛实心球，抛得最远的人获胜。

游戏图示：

游戏规则：

（1）同时投掷，蓄力一致。

（2）不能助跑，不能双脚离地，不能踩线。

（3）必须从线后投掷，否则犯规判失分。

注意事项：注意学生在投掷的过程中，其他学生不得随意跑到投掷区域，注意安全。

4. 垫球进圈

游戏目的：提高学生投掷的准确性。

游戏准备：软式排球若干。

游戏方法：

（1）将学生分为人数相等的4队，以纵队队列站好，每队一个软式排球。

（2）每队前方3米处画一个直径1米的圆圈（有条件可摆球筐）。

（3）比赛开始后，每队同学依次用排球垫球的动作将球垫进圈内。全部同学完成后，统计每队垫进的个数，多者胜。

游戏图示：

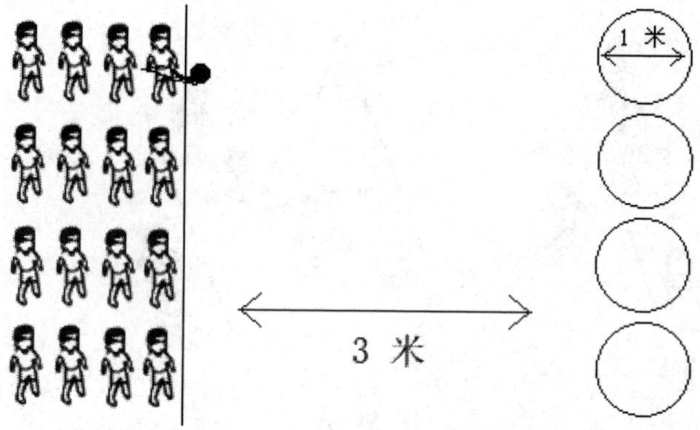

游戏规则：线后垫球，脚不能超过起始线；必须用手臂垫球，抛球的重新开始。

注意事项：可根据学生能力适当调整圆圈的距离和大小。

5. 投沙包钻洞

游戏目的：发展学生的投准能力。

游戏准备：画两条相距8米的平行线，在中间架起离地2米高的横绳，绳上挂若干圆圈，沙包若干。

游戏方法：

（1）将学生分成人数相等的两组（男女均匀），分别站在线后，其中一侧学生每人手持一个沙包。

（2）游戏开始，其中一组将沙包向悬挂的圆圈内投掷，使沙包从圆圈中穿过。另一组拾起沙包，回到投掷线后，同样投掷沙包。连续进行数次，计算通过圆圈的次数，次数多的组获胜。

游戏图示：

游戏规则：

（1）统一投掷方法。

（2）必须在投掷线后投沙包，否则无效。

注意事项： 该游戏既可以个人为单位进行比赛，也可以小组为单位进行比赛。

6. 打鸭子

游戏目的：

（1）锻炼学生抛接的准确性。

（2）发展学生的反应能力和灵敏素质。

游戏准备： 普通硬化操场或草地，沙包若干。

游戏方法：

（1）将学生分成人数相等的3组，其中两组同学间距5~8米面对面站立，另外一组同学在两组之间站立。

（2）比赛开始，一组同学拿沙包打中间的同学，另一组接到沙包继续打，中间同学被打中就出局。

（3）中间同学都被打中，则比赛结束。打人的两组打中多的一组站到中间，继续开始比赛。

游戏图示：

游戏规则：

（1）扔沙包的同学注意不要踩线。

（2）中间的同学只能躲，不能接沙包。

注意事项：两组同学可以高抛沙包来传接，但是打人时不可打胸部以上位置。

第四节　攀爬类

1. 小推车

游戏目的：

（1）发展学生的相互配合能力。

（2）发展学生的上肢及腰腹部力量。

游戏准备：清理草地或塑胶跑道，确保游戏进行的场所无杂物。

游戏方法：

（1）学生3人为一组，每组第一名同学双手撑地，另两名同学从后面抬起第一名同学的腿。

（2）听到“开始”口令后，手撑地的同学用双手向前走，后面抬腿的同学跟进，到达终点线后，折返。先返回的一组获胜。

游戏图示：

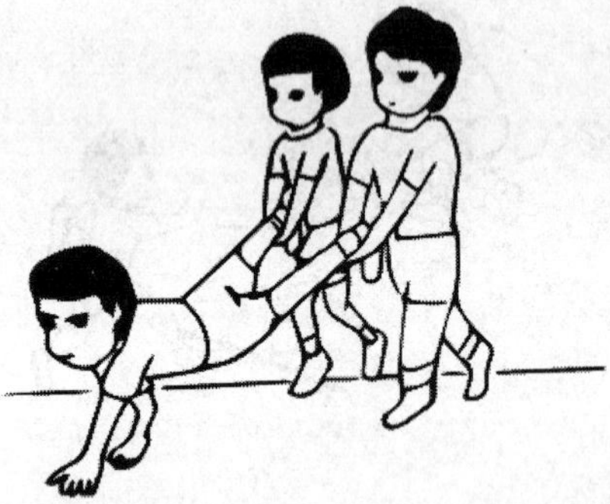

游戏规则：

（1）不得抢跑，必须等到所有组爬行的同学双脚离地后才能开始。

（2）两名抬腿同学的双脚必须都越过终点线后才可以折返，折返后爬行同学手触线即为比赛结束。

注意事项：两名抬腿同学要从后面跟随爬行同学，不可拖、推爬行同学。

2. 软梯爬行

游戏目的：

（1）锻炼学生的攀爬技巧。

（2）培养学生勇敢顽强的精神。

游戏准备：网状软梯，体操垫若干。

游戏方法：

（1）将学生分成人数相等的两队，各成一路纵队面对网状软梯站立。

（2）听到口令后，第一名学生双手抓绳，向上攀爬，爬到顶后再退下来，到交接区与下一名同学击掌，退到队尾，第二名同学开始爬。依此类推，用时少的队获胜。

游戏图示：

游戏规则：

（1）爬到软梯顶端后，喊“到”然后开始向下爬。

（2）必须等到返回的同学到了交接区与下一名同学击掌后，第二名同学才可以出发。

注意事项：

（1）将体操垫放在软梯下，起保护作用。

（2）可以通过变换软梯的角度来增加游戏的难度。

（3）此游戏器械比较特殊，适合硬件设施较好的学校开展。

3. 钻双杠

游戏目的：

（1）发展学生的协调性。

（2）发展学生的钻爬能力。

游戏准备：双杠两副。

游戏方法：

（1）将学生分为人数相等的两队，各成一路纵队面对双杠一端站立。

（2）听到口令后，各队学生依次沿箭头方向，向双杠下钻跑，然后回到起跑线。以最后一名学生过线为止，用时少的队获胜。

游戏图示：

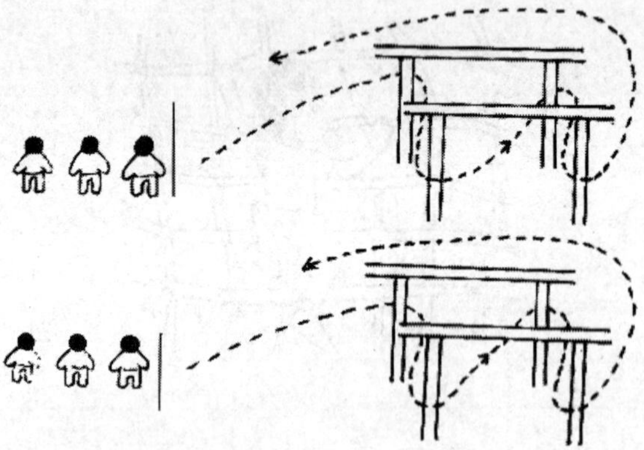

游戏规则：

（1）听到口令后才能跑动。

（2）游戏过程中，在各自队列内依次跑动，不准越人。

（3）每个学生必须按照箭头路线跑，否则回到队尾重新开始。

注意事项：学生的上半身要尽可能压低，避免钻爬过程中头碰到双杠。

4. 爬梯子

游戏目的：

（1）发展学生的手臂力量。

（2）发展学生的全身协调性。

游戏准备：两架长梯，两面红旗，普通硬化操场或草地。

游戏方法：

（1）将学生分为人数相等的两队，各成一路纵队面对长梯站立。

（2）组织者发令后，排头同学迅速跑向长梯，手脚并用，在长梯的横木上爬过去，然后跑向红旗，绕过红旗后，再从长梯爬回，返回本队与第二人击掌后站回队尾。

（3）第二名同学按照第一名同学的动作完成。依此类推，用时少的队获胜。

游戏图示：

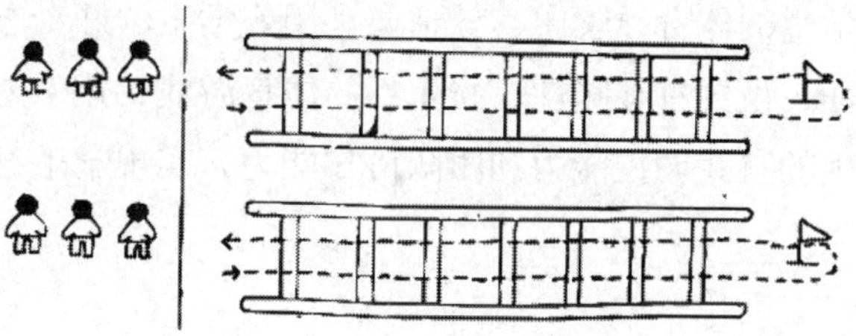

游戏规则：

（1）发令和被拍手后才能跑。

（2）学生必须用手脚依次爬过梯子的每根横木，不可省略。

注意事项：如果没有梯子，可用粉笔画出梯子状代替。

小 结

水平二阶段的学生，年龄一般在8~10岁，相当于3~4年级。该阶段男生身高为120~145厘米，女生身高为121~145.1厘米，大部分男生体重介于20~39公斤，女生体重介于19~40公斤。骨骼、肌肉发育方面，该阶段学生下肢骨骼发育速度要比身体发育速度快，肌肉发育不完善，水分含量多，肌肉纤维纤细，并且肌腱较短，关节软骨比较厚，关节伸展性活动范围比较大，但是并不十分牢固，活动力度太大可能出现脱臼。水平二阶段的学生，其神经系统虽然可以对其心脏活动产生一定的调节作用，但是作用有限，血液循环速度比较快，这个阶段还是身高初期成长的关键时刻。

水平二阶段的学生身高增长比较快，因此体育游戏不宜剧烈，可适当进行灵敏性训练。这个阶段主要是增加其运动兴趣，提高骨骼密度，既能防止意外脱臼，又能防止心脏负担过重。

与水平一阶段的学生相比，水平二阶段的学生身体技能有所发展。对于水平二阶段的学生来说，体育课堂中的体育游戏，既可以充实体育课堂的内容，又能调动学生学习的主观能动性。根据调查发现，8~9岁这一阶段中，儿童的身体素质增长速度最快，该阶段其身体对外界因素的敏感性极高。因此，在该阶段学生的体育教学中，教师要利用好学生的好奇心、探索性和积极性等心理特征，设置有趣味性、娱乐性的体育游戏，让学生主动进行游戏互动，提升学生的自我调控能力和团队协作能力，实现学生身体素质的跨越性提升。

第六章　小学5~6年级（水平三）体育游戏

第一节　走跑类

1. 击掌接力赛跑

游戏目的：锻炼学生的奔跑能力和反应能力。

游戏准备：硬化场地一块或者跑道一段、标志物4个。

游戏方法：

（1）将学生分成人数相等的4组，在起跑线后成四列纵队站好。

（2）听教师口令，第一名同学跑到标志物的位置，再跑回和另一名同学击掌，另一名同学再跑。依此类推，用时少的组获胜。

游戏图示：

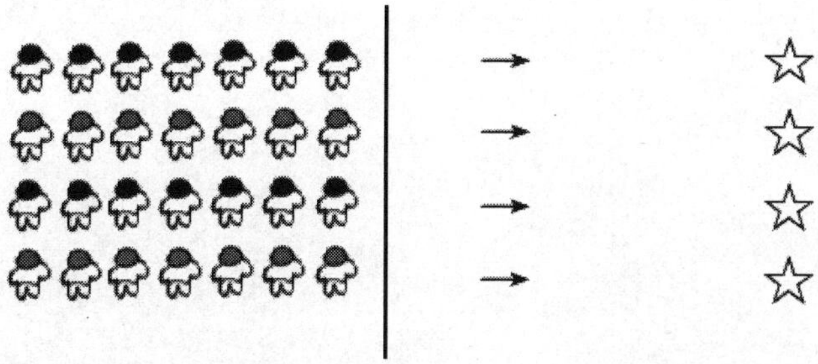

游戏规则：

（1）站在起跑线后，听教师口令再跑。

（2）跑回后和另一名同学击掌，另一名同学再跑。

注意事项：必须跑到标志物后返回才有效。

2. 翻饼接力

游戏目的：培养学生集体意识和平衡能力。

游戏准备：

（1）普通硬化场地或者跑道，在场地上画4组圆圈，每组共3个纵向排列，各圆圈间相距5米。

（2）准备4把羽毛球拍和4只飞盘，小红旗4面。

游戏方法：

（1）将学生分成人数相等的4个小组，每个小组以纵队的方式站在起点线后。

（2）教师发出指令，排头手拿羽毛球拍，拍子上放置飞盘（“饼”），飞快向前跑，每次进入圆圈中后，翻转飞盘，到达终点线后，绕过小红旗返回，然后将羽毛球拍和飞盘给下一名学生，自己到队尾。

（3）下一名学生按照相同的方式进行游戏，一直到最后一名学生完成后结束游戏。先完成游戏的小组获胜。

游戏图示：

游戏规则：

（1）不得用手去扶“饼”。

（2）翻“饼”落地，必须捡起重做。

注意事项：奔跑时要注意脚下，不要只顾着眼前，忘了脚下。

3. 翻身接力

游戏目的：提高学生的身体柔韧性和大脑反应能力。

游戏准备：在平坦的场地上，画出3条相距10米的平行线，分别是起始线、中间线和终点线。

游戏方法：

（1）将学生分成两个小组，每个小组人数相同。游戏开始的时候，两个小组分别选出两个人，站在中间线和终点线上，其他人以纵队的方式站在起始线后面。

（2）教师发出口令后，两个小组排头跑到中间线上，和同伴双手勾握，共同向内连续两次翻转身体之后，从起始线跑过来的学生替代中间线上的伙伴，继续任务。

（3）原中间线上的学生跑到终点线上，和终点线上的伙伴双手勾握，连续两次向内翻转身体，原终点线上的学生跑回起始线，与排头学生击掌，到队伍末尾休息，而原中间线上的学生替代原终点线上的学生的角色。

（4）排头跑到中间线上，重复上述动作，一直到最后一个学生完成，完成时间最短的小组获胜。

游戏图示：

游戏规则：

（1）听到口令后才可行动。

（2）翻身过程中不能散架，否则重做。

注意事项：开始前充分热身，做翻身时注意不要拉伤。

4. 胯下抓棒接力跑

游戏目的：提高学生的身体协调性，培养学生的集体意识。

游戏准备：

（1）在平坦的场地上画3条平行线，分别为起始线、中间线和终点线。在终点线和中间线上，都画一个直径为1米的圆圈。

（2）准备4个接力棒。

游戏方法：

（1）将学生分成两个小组，每个小组人数相同，以纵队的方式站在起始线后。接力棒放在圆圈中。

（2）教师发出口令后，排头后背朝向前方，以退步的方式到达中间线圆圈中站好，待身体转回，然后两手握紧接力棒的两端，左右腿依次迈过接力棒，然后再退回接力棒，把接力棒放回原来的位置，跑到终点线圆圈中，继续做相同的动作，然后跑回起点，与排头击掌，到队伍最后面休息。

（3）第二名学生出发，按照上述方式依次进行。先完成的小组获胜。

游戏图示：

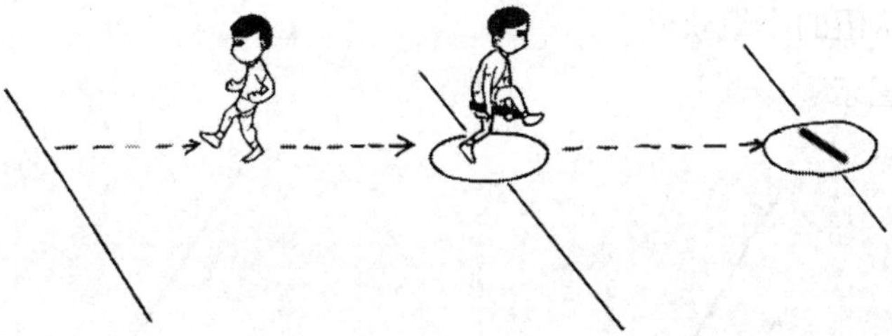

游戏规则：

（1）学生在教师没有发出口令的时候就出发，或者没有和前一名成员击掌就出发，则判为无效。

（2）在左右腿跨过和退回接力棒的时候，接力棒一直要在手里握住而不能脱离，否则要重新做。

注意事项：

（1）教师先讲解游戏方法和规则，经过练习再进行游戏。

（2）学生的腰、臂要充分活动开。

5. 钻龙门

游戏目的：培养学生的团队配合能力。

游戏准备：在普通硬化场地上画两条间距10米的平行线，一条为起点线，一条为终点线。

游戏方法：

（1）将学生分成两个小组，每个小组的人数相同，以纵队的方式站在起点线后。每个小组中选出4名成员站在终点线，一起牵着手高举，扮演城门。

（2）教师发出命令后，每个小组手拉手向前奔跑，靠近“城门”的时候，教师发出指令，比如“进南门，出东门”等口令。

（3）学生根据教师口令完成动作，然后跑回起点线站好，最先跑回原地且站好队伍的小组获胜。

游戏图示：

游戏规则：

（1）从哪个方向进，从哪个方向出，都需要学生遵守教师的口令，出现错误的时候要重新做。

（2）进出“城门”的时候，学生之间不得拉扯。

（3）奔跑的时候小组之间不能撒手，必须要连成一条线。

注意事项：

（1）学生完成前一个指令后，教师还可以继续给出新的指令。

（2）扮演城门的学生也应该参与到游戏中，等一轮游戏结束后，教师要换新的学生扮演城门，让每个学生都有机会参与游戏，进行互动。

6. 消防队

游戏目的：教育学生要发扬勇敢无畏的精神。

游戏准备：

（1）普通硬化场地一块，肋木十几根。

（2）选择肋木架代表楼房，每根肋木上都有红布条，顶端上放置布娃娃。

游戏方法：

（1）将学生分成若干小组，小组成员数量相同，站在距离肋木30米外的起点线后。

（2）教师发出指令后，小组排头向前奔跑，跑到肋木架面前，揭下一个红布条，返回，与下一名学生击掌，下一名学生重复相同的动作。

（3）依次进行，直到最后一名学生拿到布娃娃，回到起点。先完成的小组获胜。

游戏图示：

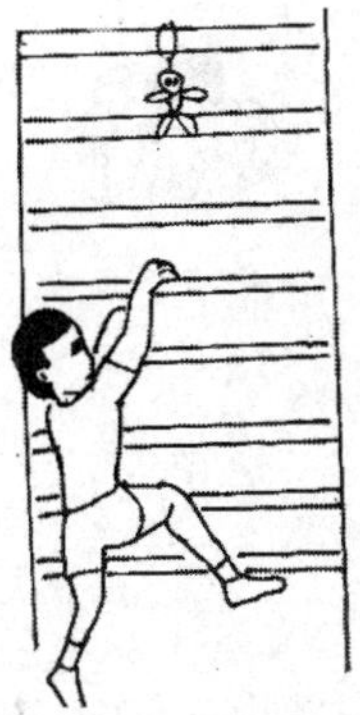

游戏规则：在游戏中，学生要一格一格地爬上和爬下肋木架，而不得直接跳下。

注意事项：注意安全，防止扭伤脚踝。

7. 割麦子

游戏目的：培养学生热爱劳动的思想品质。

游戏准备：若干饮料瓶和两根接力棒。

游戏方法：

（1）将学生分成两组，每组人数相同，然后每组再分成甲乙两个小组，每组的甲乙两个小组分别以纵队的方式，站在起始线和终点线的两端。

（2）教师或者裁判发出指令后，每组的甲小组排头手持接力棒向前奔跑，跑到饮料瓶的位置，模仿割麦子动作，即拿起饮料瓶，接力棒从下面划过，再放下饮料瓶，连续做3次，然后跑到终点线，把接力棒交给乙小组的排头，自己站在乙小组的末尾。

（3）乙小组排头重复上一名学生的动作，回到起始线后，将接力棒交给甲小组排头。按照这样的方式依次进行，最先完成的组获胜。

游戏图示：

游戏规则：“麦子”都要“割”三次，并且倒了的时候要扶起来。

注意事项：挥舞“镰刀”时注意不要打到同学。

8. 信鸽放飞

游戏目的： 锻炼学生的腿部力量和奔跑速度。

游戏准备：

（1）准备画好信鸽的纸若干张。

（2）普通硬化场地一块，在场地上画一条起点线，在起点线前15米处插数面标志旗。

游戏方法：

（1）将学生分成若干小组，每个小组人数相同，成纵队站在起点线后。

（2）教师或者裁判发出指令后，排头将纸信鸽放在胸腹部，不得用任何东西固定，快速奔跑，跑到小旗子位置，绕一圈跑回，先回到起点且纸信鸽不掉的情况下获得1分。

（3）教师或者裁判再次发出指令，后面成员依次进行，获得分数最多的小组获胜。

游戏图示：

游戏规则： 途中纸信鸽掉落，则学生后退三步继续进行。

注意事项： 用手碰纸信鸽无效。

9. 抢空位置

游戏目的：培养学生的迅速反应能力和礼貌待人的品质。

游戏准备：普通硬化场地一块。

游戏方法：

（1）学生站成一个圆圈，选出一名“引导人”站在圈外。

（2）游戏开始，“引导人”围绕整个圆圈跑，且突然拍某个学生的后背或者手，然后向着某个方向绕圈跑，被拍的人要向相反的方向绕圈跑，想办法让自己尽早跑回自己原来的位置，避免让“引导人”占据。

（3）两人途中相遇的时候，要彼此问候，比如握手等，然后继续朝相反的方向奔跑，等到一方抢到位置后，另一方没有抢到位置的人要向大家敬礼，然后作为新的“引导人”，继续进行游戏。

游戏图示：

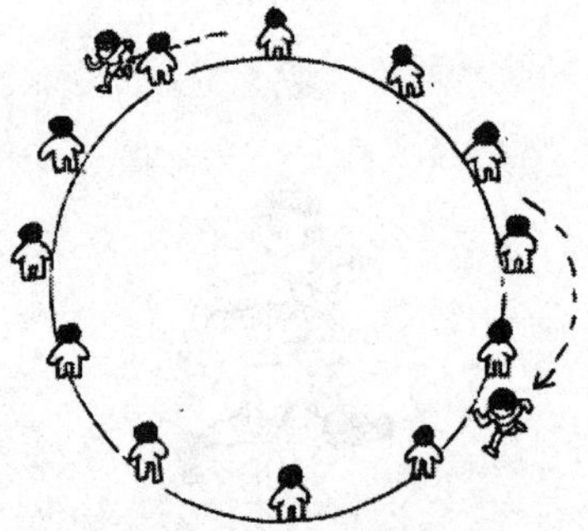

游戏规则：

（1）“引导人”的目标不能是同一个人。

（2）两人相遇的时候，“引导人”先问候，对方重复“引导人”的动作，否则就按照没有回到原位的方式，继续接下来的游戏。

（3）圈外人奔跑的时候，圈内人不可以干扰，但是可以助兴。

（4）两人问候之后，要向右奔跑，避免发生碰撞。

注意事项：问候要礼貌，同时到达时不要争抢，要注意安全。

第二节　跳跃类

1. 快快跳起来

游戏目的：提高学生的跳跃能力。

游戏准备：普通硬化场地一块，短跳绳4根。

游戏方法：

（1）将学生分成人数相等的4组，每组从1开始报数，每组的1、2号同学手持短跳绳的一端面向自己的队伍站好，跳绳离地10~15厘米。

（2）听到教师发令后，1、2号同学持绳同时向队伍跑去，队伍中的同学则依次跳过跳绳，跑到队尾，1号同学留下排在最后。

（3）2号同学拿着绳跑向排头再和3号同学持绳一起面向队伍跑去，队伍的同学依次跳过。

（4）到队尾，2号同学留下，3号同学返回。依此类推，哪组最先完成哪组取胜。

游戏图示：

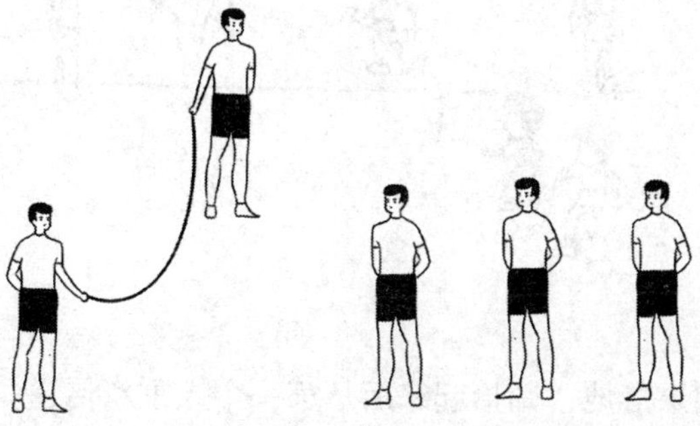

游戏规则：

（1）两人持的绳保持离地一定的高度（10~15厘米）。

（2）队伍中有同学没跳过绳的，要从没跳过去的地方重新开始。

（3）队伍前后保持一臂距离，用双脚跳的方法跳过跳绳。

注意事项：速度不可以太快，以免同学不能及时跳起来而摔倒。

2. 跳绳传球

游戏目的：提高学生身体的协调性和灵活性。

游戏准备：普通硬化场地一块，长绳若干，篮球若干。

游戏方法：

（1）将学生分成若干小组，每个小组人数相同，其中两人抡长绳，剩余成员按顺序排成一行，排头手持一个篮球。

（2）游戏开始，排头先进入摇动的长绳里，一边跳绳，一边将篮球传给第二个人后退出，第二个人按同样方法传给第三个人后退出，依次进行，一直到最后一个人手持篮球退出。先完成游戏的小组获胜。

游戏图示：

游戏规则：

（1）球如果落地，则拾起来后从第一个人重新传递。

（2）传球的时候，摇动的绳子不能中断。

注意事项：注意跳绳时的安全，不要被绳缠绕到脚踝而摔倒。

3. 跳篱笆

游戏目的：让学生认识到合作的重要性，提升学生的合作能力和跳跃能力。

游戏准备：一块平坦的场地，若干接力棒。

游戏方法：

（1）将学生分成两组，每组成员人数相同，且两组之间保持3米的距离。每组以横排的方式站立，然后整个小组成员两臂侧平举拉手，全蹲或坐、跪在地上架成“篱笆”。

（2）教师或者裁判发出指令，排尾手持接力棒，逐次穿过“篱笆”，跳向排头，将接力棒交给排头，然后蹲下和排头拉手扮演篱笆，接力棒逐次传到排尾，排尾获得接力棒后，重复上一名成员的动作，跳到排头。

（3）依次进行，直到最后一名学生完成，则一轮游戏结束。完成时间最短的小组获胜。

游戏图示：

游戏规则：

（1）扮演篱笆的学生，手臂要伸直，且保持一定的高度。

（2）除了传递接力棒，学生两臂要保持手拉手的姿势，不得分开。

（3）接力棒要依次传递，不得略过任何一名学生。

注意事项：

（1）在跑动中跳“篱笆”。

（2）奔跑时注意安全。

4. 跳绳转圈

游戏目的：锻炼学生的跳跃能力，提高学生身体的协调性。

游戏准备：选一块平坦的场地，两端线分别为起止点，在中间画一条中线。在起点线前方放置两根长跳绳，在中线前方放置两根短跳绳。

游戏方法：

（1）将学生分成两个小组，每个小组人数相同，以纵队的方式站在起点线后面。

（2）教师或者裁判发出指令，两个小组排头沿着地上长绳两侧做并腿跳跃前进。穿过中线后，拿起短跳绳边跑边跳，一直到达终点，同时在终点手握跳绳手柄，做环绕跳5次。然后返回，将短跳绳放到原位，跑到起点，与下一名排头击掌，到队尾休息。

（3）下一名排头继续游戏。先完成的小组获胜。

游戏图示：

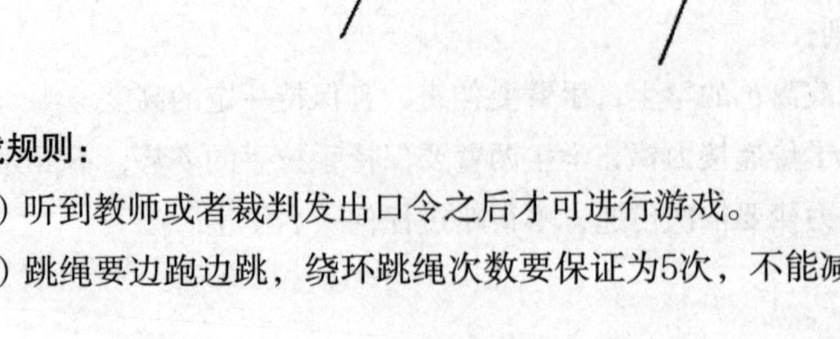

游戏规则：

（1）听到教师或者裁判发出口令之后才可进行游戏。

（2）跳绳要边跑边跳，绕环跳绳次数要保证为5次，不能减少，不遵守规则的学生要重做。

注意事项：边跑边跳过程中注意不要让绳缠绕到腿上，以免摔倒。

5. 跳皮筋转圈

游戏目的：提高学生的跳跃能力和身体灵敏性。

游戏准备：普通硬化场地一块，长皮筋（松紧带均可）10根，皮筋一端都系在一立柱上。

游戏方法：

（1）10人围成圆圈，牵拉皮筋，其他成员以纵队的方式站在圆圈外。

（2）教师或者裁判发出指令，排头进入圆圈，按照规则跳皮筋。

（3）完成一组动作后，排头进入第二根皮筋继续上一组动作，此时第二人进入第一根皮筋，开始按照规则跳皮筋。

（4）依次进行，直到最后一名学生逐次跳完皮筋，退出。

游戏图示：

游戏规则：顺利完成一周者为胜。

注意事项：在游戏过程中可以适当运用音乐。

6. 渡河

游戏目的：培养学生的反应能力。

游戏准备：在平坦的场地上画两条平行线，两条线之间的距离保持在10~15米，中间作为河道，两边作为河岸，中间的平地上画两组圆圈，作为石路，圆圈之间的距离和圆圈本身的大小要有规律，位置相似。

游戏方法：

（1）将学生分成两组，每组的成员数量相同，然后这两组再分别分成数量相同的两个小组，分别成纵队站在平行线后。

（2）裁判发出指令之后，最前面的学生开始跳，从一块“石头”上跳到另一块“石头”上，跳到“对岸”之后，和“岸边”的学生拍手，“岸边”的学生跳回，循环往复。

（3）当两边的学生全部变换位置后结束。用时短的组获胜。

游戏图示：

游戏规则：

（1）跳跃的过程中，两脚必须要在圆圈内，如果在圆圈外，则要从头开始跳。

（2）跳到“对岸”，和“对岸”的小伙伴拍手后，“对岸”的小伙伴才开始跳。

注意事项： 攻击延误对方时要注意安全，不准用危险动作。

7. 抢渡大渡河

游戏目的： 培养学生互帮互助的品质，增强团队意识。

游戏准备：

（1）在平坦的场地上画两条平行线，之间距离为20米，其中一条是起跳线，另一条是对岸，中间是河道。

（2）河道中画两条并排的小圆圈，视为跳石，每列中的跳石大小、数量、排列规律相似。

游戏方法：

（1）将学生分成人数相同的两个小组，以纵队的方式站在起跳线后。

（2）教师或者裁判发出指令，排头快速跨跳过“河”，到达“对岸”之后，抬手臂示意下一名成员开始跨跳。

（3）下一名成员看到“对岸”的成员示意后，开始跨跳，依次进行。先完成的小组为胜。

游戏图示：

游戏规则：

（1）起跳线上的成员看到跨跳到“岸边”的人举手示意后才可前行。

（2）跨跳的时候，如果没有踩进圆圈，则意味着“落水”，需要从头开始。

注意事项：

（1）跳石之间保持一定的距离，一般为1米左右。

（2）跳石的排列方式可以多元化。

8. 争夺阵地

游戏目的：强化学生的团队意识。

游戏准备：在平坦的场地上画3个正方形，边长分别是3米、2米和1米，每个正方形之间距离为1米。

游戏方法：

（1）将学生分成5组，每组的人数相同。

（2）每组中排头出列，编组成一个5人的小组，然后在第一个正方形中，每个学生将手放在背后，单足跳跃，目的是用肩部推他人，将其推出正方形外，直到最后只剩下一个人。

（3）推出的4个人到第二个正方形中继续较量，直到最后只剩下一个人。推出的3个人到第三个正方形中较量，最后第三个正方形中只剩下一个人，2个人被推出区域。

（4）留在第一个正方形中的人，获得4分；留在第二个正方形中的人，获得3分；留在第三个正方形中的人，获得2分；被推出第三个正方形的2个人，各获得1分。等到所有学生进行游戏之后，最后得分最多的组获胜。

游戏图示：

游戏规则：

（1）游戏过程中，每个学生之间可以相互抵推，也可以躲闪，但抵推的时候只能用肩部，否则属于犯规，立即退出比赛。

（2）抵推过程中，双脚落地则失败，退出比赛。单脚跳的过程中，可以换脚，但是在同一个正方形中，换脚的次数最多为两次。

注意事项：做此游戏时，不能粗鲁推撞。

9. 机智跳长绳

游戏目的：培养学生的大脑快速反应能力。

游戏准备：在平坦的场地上画两条平行线，之间的距离为10~20米，分别作为起点线和终点线。准备6根长绳。

游戏方法：

（1）将学生分成两个小组，每个小组成员数量相同。

（2）每个小组中，6人挥动3根长绳，以纵队排列的方式站立于两根平行线之间，剩余的学生站在起点线挥绳人的左边。

（3）教师或者裁判发出指令，排头依次跳过3根长绳，到达终点线后第二名同学再跳，依次进行。先全部跳过长绳的小组获胜。

游戏图示：

游戏规则：

（1）跳绳的时候，如果某个成员并未跳过，则要从失误的地方重新跳。

（2）中途不可以进入别的组的绳来干扰对手前进的路线。

注意事项：注意安全，不要过于着急而摔倒。

10. 换物夺红旗

游戏目的：培养学生的主动竞争意识。

游戏准备：

（1）在平坦的场地上画正三角形，边长介于10~13米。

（2）以三角形的3个顶点为圆心，画3个半径为50厘米的圆圈。顶角圆心中，放置一面小红旗，两个底角圆心中，各放置一个排球，并且在底角圆后面1米的地方，画一条白线。在三角形中间，画半径为1米的圆圈，然后在圆圈中间画一条直线，将圆圈分成两个半圆，每个半圆内分别放一个篮球。

游戏方法：

（1）游戏中，学生两人为一组，各自站在底角白线后方。

（2）教师或者裁判发出指令后，学生到三角形底角圆心中，捡起排球，单脚跳到中心位置，换成篮球，单脚跳回底角圆圈中放下篮球，然后单脚跳到三角形顶角圆圈中，抢夺小红旗。谁获得小红旗，谁胜利。

游戏图示：

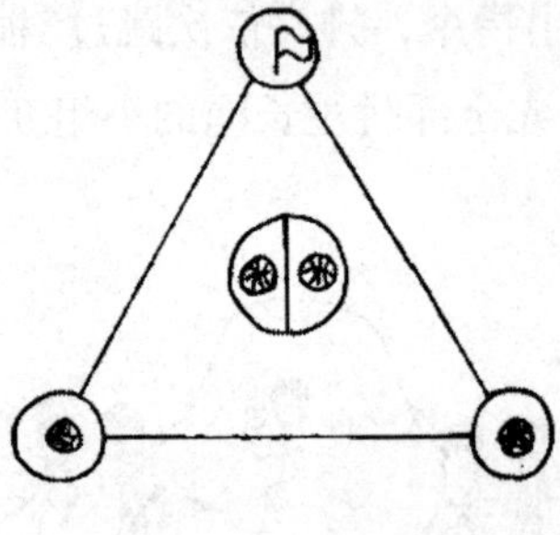

游戏规则：篮球、排球换位置的时候，必须要放好，等到球固定后才可离开。

注意事项：注意学生体力情况，适当调整距离。

第三节　投掷类

1. 空中抛接

游戏目的：锻炼学生的快速反应能力。

游戏准备：普通硬化场地一块。在场地上画一条起跑线，在起跑线前方12~15米的位置，拴一根横绳，高为2米左右。排球两个。

游戏方法：

（1）将学生分成两组，每组成员人数相同，以纵队的方式站立在起跑线后，排头手持一个排球。

（2）教师或者裁判发出指令后，排头手持排球跑到横线的位置，将排球从绳子上方抛过去，自己在绳子底下跑过，将抛出的球接住，然后跑回起点，将排球交给下一个人。依次进行，先完成的组获胜。

游戏图示：

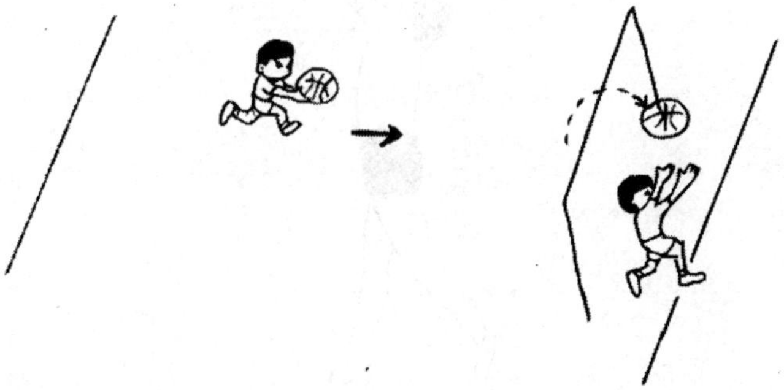

游戏规则：

（1）排球必须要从绳子上方抛过，且要接住。

（2）途中排球掉落的话，要重新开始。

（3）跑回起点后，将排球交给下一名小伙伴。

注意事项：考虑学生的体力，决定跑的距离，可相应减小或增大难度，如运球跑等。

2. 侧向掷实心球接力

游戏目的：

（1）培养学生团结协作、勇于拼搏的精神。

（2）培养学生初步掌握侧向掷实心球技术。

（3）锻炼学生的上肢力量。

游戏准备：普通硬化场地一块，实心球4个。

游戏方法：

（1）将学生分成人数相等的4组。

（2）每组第一人原地侧向掷球后，第二人在第一人掷球的落地点接着投。依此类推，计算最后总距离，总距离最远的组获胜。

游戏图示：

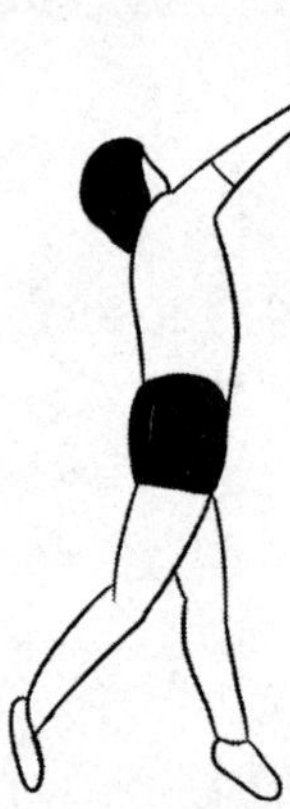

游戏规则：下一个同学必须从上一个同学实心球的落点开始。

注意事项：掷实心球时前方不要有同学，以免造成意外伤害。

3. 飞碟跳高

游戏目的：锻炼学生的观察判断能力。

游戏准备：

（1）选一块水泥地，准备若干个飞碟。

（2）在水泥地上画一条投掷线，距离投掷线3~4米的距离，放置一副跳高架，横竿高度为1米左右。

游戏方法：

（1）将学生分成若干组，每组成员人数相同，以纵队的方式站立在投掷线后，人手一个飞碟。

（2）排头瞄准地面投出飞碟，并使飞碟前沿击地跳起飞过横竿。过竿者得1分，最后以得分多的组为胜。

游戏图示：

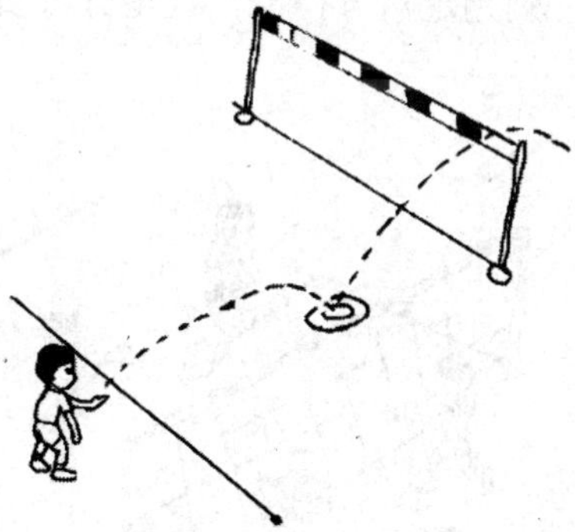

游戏规则：

（1）不得踩踏投掷线。

（2）投掷方法可灵活多变。

（3）触地过竿才计分。

注意事项：扔飞碟时安排学生保持距离，以免造成意外伤害。

4. 飞碟比赛

游戏目的：培养学生的团队协作能力。

游戏准备：排球场地一块，飞碟一个。

游戏方法：

（1）每一轮游戏中，有两个小组，小组中成员为3人，以排球比赛的方式站好，通过抽签的方式，两方队长确定发碟权。

（2）发碟一方在发碟区域中的发碟过程中，飞碟没有过网，或若触碰到网，或者飞出界限，都被判定为发碟队失误，然后换接发队在本队一方发碟区中发碟。

（3）不管发碟方是哪个小组，3位队员都需要根据既定的规则，轮转发碟。

（4）发碟之前，队员要在既定的位置上保持不动，发碟之后，队员可以在规定的区域中跑动。发碟后，不可在本队区域中进行传接。发碟落在本区域中或跑出区域外，则判定对方得分，且得分方负责发碟。

游戏图示：

游戏规则：

（1）鸣笛后发碟方能有效。

（2）每胜利一次得到1分，满15分为1局，采用三局两胜制。

注意事项：

（1）跑位要有序，注意安全。

（2）可以不轮换位置。

5. 打地靶比赛

游戏目的：培养学生观察计算能力。

游戏准备：选平地一块，在地上画一条起投线，离线3~5米处放置一副跳高架，横竿高1.8~2.5米，再在竿的正前方适当位置，画一个70厘米×70厘米的地靶，并划分不同的小格，在小格内标明投中的得分数。

游戏方法：

（1）学生人手一个沙袋，站在起投线后，做好比赛准备。

（2）比赛口令发出后，每人依次瞄准地靶，将沙袋从跳高横竿上投过，并使沙袋落入地靶内。每人可投3次。

游戏图示：

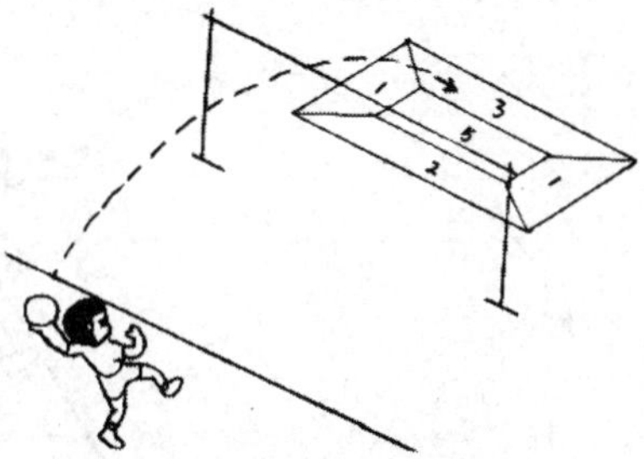

游戏规则：

（1）无比赛口令或踏线，判为无效。

（2）每投中一次，奖投一次，连中连奖。

（3）积分最多者名次列前。

注意事项：

（1）禁止用瓦、砖块代替沙袋。

（2）可分队进行比赛，计算累计分。

6. 赶超先进

游戏目的：培养竞争意识和团队奋斗精神。

游戏准备：在场地上画一条横线为投掷线，小实心球若干。

游戏方法：

（1）把学生分成人数相等的甲乙两队，分别成纵队站立于投掷线后。

（2）教师发令后，甲队第一人在起掷线后，将球向前用力投出，记好落点。然后乙队第一人在甲队落点处向回投掷，记好落点。甲队第二人在乙队落点处向回投掷，如此方法依次进行。

（3）乙队最后一人掷球的落点如超过投掷线，则乙队为胜，否则甲队为胜。

游戏图示：

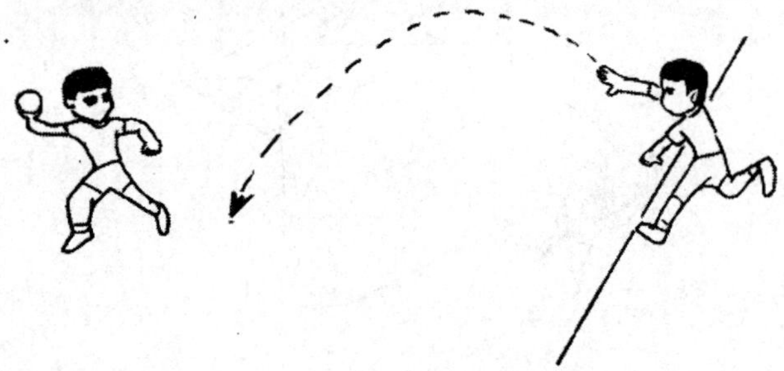

游戏规则：

（1）第一人投掷时不能超过投掷线。

（2）投掷时不能用助跑。

（3）投掷方法按规定进行。

注意事项：掷球时要注意周围同学的位置，防止意外伤害。

7. 跳方投篮

游戏目的：提高学生的身体协调性和灵敏性。

游戏准备：

（1）在一个宽阔的平坦场地上，画两个长方形，其长、宽分别为4米和2米。两个长方形之间保持2米的距离。

（2）将长方形分成8个正方形，且标上序号，分别是1、2、3、4、5、6、7、8。

（3）将沙包放在方格1中，且将箩筐放在距离两个长方形2米的地方。

游戏方法：

（1）将学生分成两组，每组成员人数相同，以纵队的方式站立在长方形两边。

（2）教师或者裁判发出指令后，排头进入方格1，将沙包用脚夹起来掷进方格2，进入方格2，再以同样方法将沙包掷进方格3，依次进行，直到进入方格8，然后瞄准箩筐，用手将沙包掷进其内。

（3）先掷进箩筐的，获得2分；后掷进箩筐的，获得1分。

游戏图示：

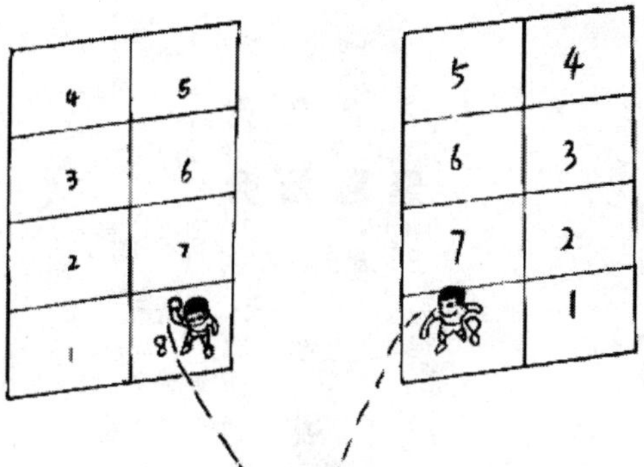

游戏规则：

（1）在方格中掷沙包的时候不能踩线。

（2）掷出的沙包落下的时候也不得压线。

注意事项：

（1）根据学生实际人数情况确定场地的大小。

（2）人数过多时可以采用两个场地。

8. 打龙尾

游戏目的： 培养学生快速反应能力和团结互助的精神。

游戏准备： 普通硬化场地或者跑道一块，软式排球若干。

游戏方法：

（1）将学生分成人数相等的两队，一队围成圆圈，另一队成一路纵队，站在圈内。

（2）圈内每人抓住前边同学的衣服成一条“龙”，站在圆圈边上的同学用一个软式排球，打中间“龙”的“龙尾”。

游戏图示：

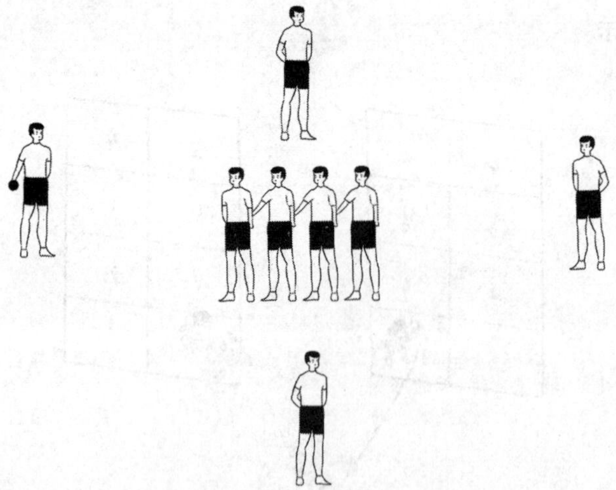

游戏规则：

（1）“龙尾”被打到后，“龙尾”站到圆圈上参与打“龙尾”活动。

（2）球打到中间同学，中间同学不下来继续游戏。

（3）球将队伍打散，哪位同学松手，哪位同学退出游戏参与打“龙尾”。

（4）“龙”不能跑出圆圈的范围。

（5）“龙”可以用手将球打出，除“龙尾”以外的同学可用一只手将球打跑。

注意事项：扔排球打“龙尾”时注意不要打到头。

第四节　攀爬类

1. 登陆演习

游戏目的：培养学生团结协作的能力。

游戏准备：

（1）在场地上画一条线为起跑线，距线前20~30米的地方并排放若干个跳箱，彼此间隔1米。

（2）红旗若干面。

游戏方法：

（1）把学生分成若干小组，每个小组4人，以纵队的方式站在起跑线后，每个小组的队长拿着红旗站在排尾。

（2）教师或者裁判发出指令后，学生依次跑向跳箱，想办法爬到跳箱上，直到小队长爬到跳箱上摇动红旗，先完成的小组获胜。

游戏图示：

游戏规则：小组成员都要爬到跳箱上才算成功。

注意事项：教师要有意识地引导学生团结协作，体力好的学生先上去，然后把体力差的同伴拉上跳箱。跳箱高度不宜太高，要注意安全。

2. 匍匐前进

游戏目的：发展学生的低姿爬行能力。

游戏准备：足球场或者体操场一块，栏架12个，分4组纵向摆放，每组3个。

游戏方法：

（1）将学生分为人数相等的4组，成4路纵队站于起跑线前，面对栏架。

（2）听到口令后，第一名同学迅速趴下匍匐前进，依次穿过3个栏架后，迅速跑回和下一名同学击掌。然后下一名同学迅速趴下匍匐前进穿过3个栏架后，再跑回和下一名同学击掌。下一名同学跑出，依次进行。直到最后一名同学完成，哪组最先完成为胜。

游戏图示：

游戏规则：

（1）击掌后下一名同学才可以出发。

（2）中间不得起身跑，只能匍匐前进。

注意事项：过栏架时要掌握好动作，不要碰倒栏架，以免被砸伤或绊倒等。

3. 穿越地道

游戏目的：锻炼学生的身体协调性及快速爬行能力。

游戏准备：普通场地一块，软垫子若干，将垫子铺在场地上。

游戏方法：

（1）将学生分为两组，第一组同学跪在垫子上两两相对，双手伸直并排搭成一条“地道”，第二组同学成一路纵队站在“地道”前。

（2）听到口令后，第一名同学迅速钻入“地道”爬行过去，过去以后跑回起点和下一名同学击掌，然后下一名同学再钻“地道”爬行过去，依次进行。

（3）本组完成后换为搭“地道”，另一组爬，直到所有同学都参与过。

游戏图示：

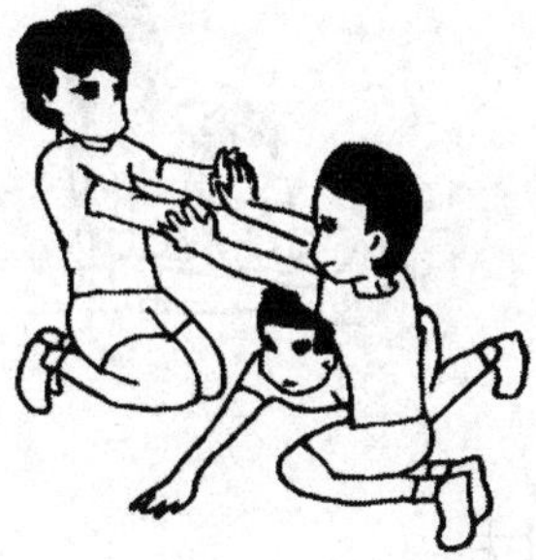

游戏规则：

（1）听到口令后才可以行动。

（2）过“地道”必须是爬行。

（3）上一名同学完成回来击掌后，下一名同学才可以出发。

注意事项：过“地道”时，如果不是爬行的动作，则需要从头开始重新做。

4. 穿越人桥

游戏目的：锻炼上肢力量，培养团体意识。

游戏准备：普通场地一块，软垫子若干，将垫子铺在场地上。

游戏方法：

（1）将学生分为人数相等的两组，每组学生伸直腿坐在垫子上，成一条人梯。

（2）听到口令后，本组第一名同学迅速起身，从本组同学腿所搭成的人梯上爬过，过去后迅速在队尾坐下做人梯，然后排头再起身，从排头爬过来到队尾做人梯，依次进行。

（3）直到所有同学都爬过人梯结束，最后哪组先完成，哪组就获得胜利。

游戏图示：

游戏规则：

（1）过人梯必须是爬过去。

（2）上一名同学坐下成为人梯后，下一名同学才可以起身爬人梯。

注意事项：

（1）爬人梯时起身无效，需要回到起点重新开始爬。

（2）第二名同学还未等上一名同学坐下就开始爬，也判为无效。

5. 步步高升

游戏目的：锻炼学生的上肢力量及身体协调性。

游戏准备：足球场或者塑胶跑道一块，跳箱6个，3个为一组，将每组跳箱相距5米分别摆放到一条直线上，高度由低到高排列。

游戏方法：

（1）学生分为人数相等的两组，分成纵队站在起跑线后。

（2）听到“开始”口令后，第一名同学先加速跑15米到达跳箱，然后依次爬过3个跳箱到达终点。在第一名同学到达后，第二名同学开始，方法同第一名同学。最后一名同学到达终点后比赛结束，先到达的组获得胜利。

游戏图示：

游戏规则：

（1）听到口令后才可以行动。

（2）必须爬过跳箱，不得绕过跳箱。

注意事项：跳箱高度不要太高，注意学生的安全。

6. 五人行

游戏目的：

（1）培养学生团结协作的意识。

（2）锻炼上臂力量。

游戏准备： 塑胶跑道或者足球场地，15米距离为比赛路程。

游戏方法：

（1）将学生分成若干组，每组5人。两人手撑地，三人在身后抬两人的腿，两人的手放到起点后。

（2）教师发出“开始”口令后，比赛开始，5人合作协力，爬行至终点，先到的组获胜。

游戏图示：

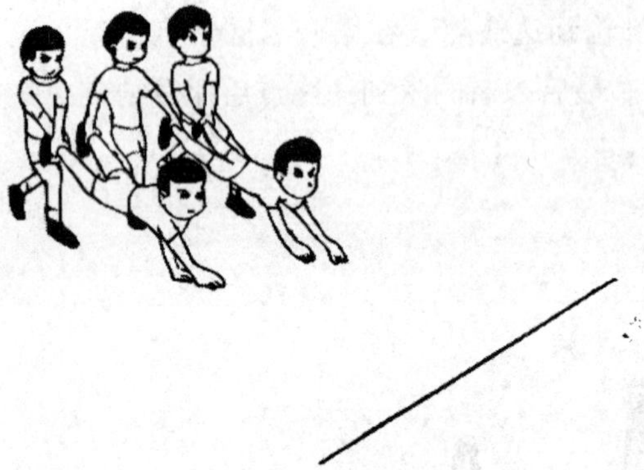

游戏规则：

（1）听到“开始”口令后，比赛开始。

（2）比赛进行中，前排两人只能手触地，腿必须由后排三人抬着。

注意事项：

（1）游戏进行中不得妨碍其他组。

（2）前排两人若坚持不住，可与后排同学交换。

7. 过绳桥

游戏目的： 锻炼学生的上肢力量，培养学生的奋斗精神。

游戏准备： 长绳两根，分别拉直两端固定，离地半米，两绳并排相距2

米。软垫子若干，铺在绳下。

游戏方法：

（1）将学生分为人数相等的两组，分别成纵队站于绳前。

（2）听到口令后，第一名学生迅速攀上绳，手脚勾住绳子向前攀爬，直到绳子的另一端。

（3）然后下一名同学继续，直到所有同学都完成。先完成的组获胜。

游戏图示：

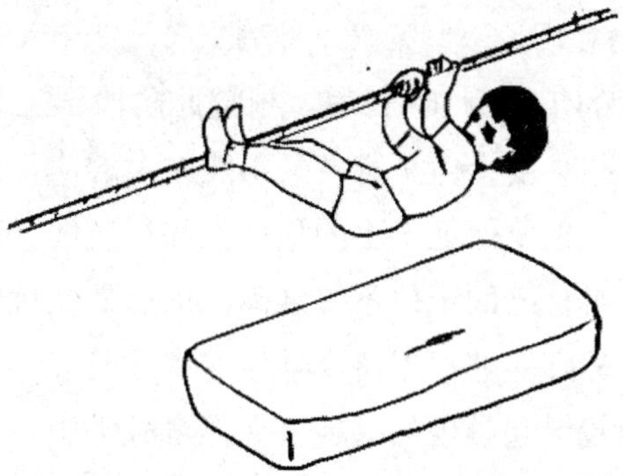

游戏规则：

（1）听到口令后才可以行动。

（2）上一名同学完成后，下一名同学才可以上绳。

（3）攀爬绳子必须手脚同时勾住，不得着地。

注意事项：绳子两端要固定结实，绳子周围垫子要铺好，防止意外伤害。

小结

水平三阶段的学生，对应小学高年级学生。这些学生开始进入青春期，他们的身高、体重、胸围等形态方面开始成长，在神经系统、肌肉力量等机能方面，在速度、耐力、灵敏等身体素质方面，变化都很大。总之，与之前阶段相比，水平三阶段的学生身体的各方面都发生了明显的变化。这一阶段的学生，男女生长发育指标的差异性也更加显著，很多女生进入生长发育高峰期，身高和体重都有所增加，男女身体部位比例也显著改变。五、六年级的学生，肌纤维增加，动作协调性增强，有能力控制简单动作，动作更加精准和轻巧；心脏体积变大，新陈代谢旺盛，心率一般在80之上；胸廓增大，呼吸肌得到发育，肺活量提升，对氧气的需求也相应增加，呼吸速率仍快于成人。

这一阶段学生的年龄为10~12岁。根据此阶段学生身心发展特点，教师要选择一些稍微有些难度，但是难度又不能太大的体育游戏。既要保证体育游戏选择的适合性，也要保证学生的积极性和兴趣性。该阶段的学生，认知能力还需要提升，对自己的定位不够准确，依然喜欢玩乐，容易对各种游戏产生兴趣。这需要教师能够根据每个学生的兴趣爱好，进行针对性的教学，设置有趣的体育游戏引起学生的兴趣。在体育教学中，教师要注重课堂活跃气氛的调动，比如设置有趣的问题，进行有趣的游戏等，但是都要结合教学目标，要有目的、有针对性地进行体育游戏。

该阶段的体育游戏要能强化学生的竞争意识，提升学生的团队协作能力。体育游戏诚然能够调动学生进行体育活动的积极性，但是游戏的设置、游戏的进行，都要围绕教学目标展开，要基于学生的身心发展所需。另外，在体育游戏中，还需要注重安全。教师应提供安全的场所和设施，设置安全的游戏规则，保证游戏顺利地进行。除此之外，教师还需要关注体育游戏的运动负荷，避免运动量过大对学生的身心发展产生消极作用。

第七章　初中1~3年级（水平四）体育游戏

第一节　速度类

1. 踢球追逐跑

游戏目的：

（1）提高学生的足球踢球技术。

（2）提高学生的快速奔跑能力。

游戏准备： 足球场地一块，足球两个。

游戏方法：

（1）将学生分成人数相等的两队，分别站在足球场中线的两端，中线与中圈的两个交叉点上各放一个足球，甲乙两队各出一人，站在本方球后3米处（画一个标记）。

（2）教师发令后，两人助跑将球大力踢出，踢出后立即转身前跑，捡回对方踢出的球放归原处，谁先完成谁得1分。然后换人上场，游戏继续进行。

（3）最后以全队累积积分的多少决定胜负。

游戏图示：

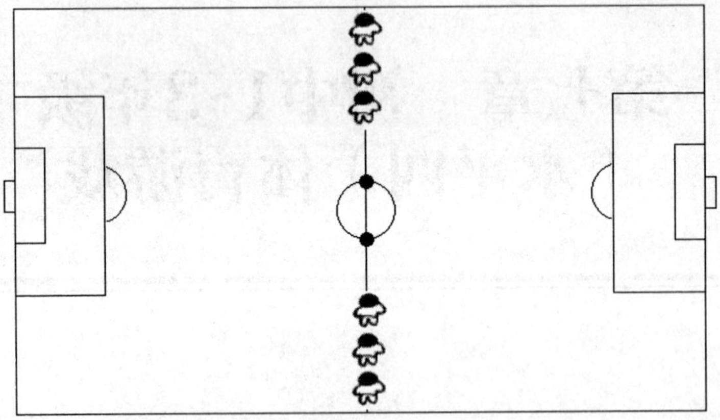

游戏规则：

（1）教师发令后才允许向前跑踢球。

（2）捡球后不许用脚踢回，而要由捡球队员放回原处。

注意事项：教师也可将每队的一部分学生安置在球场的端线附近，协助追球的学生把球捡回。

2. 换放多球接力

游戏目的：

（1）发展速度素质，体会弯道跑内倾技术。

（2）提高跑的灵活性和协调能力。

游戏准备：在平整的场地上摆放3个球筐，呈等边三角形，其中一筐放满乒乓球，另外两筐为空筐。

游戏方法：

（1）将学生分成人数相等的两队，每队面向一个空筐成一路纵队站立。

（2）游戏开始后，排头迅速从放满球的球筐中拿一个乒乓球放在自己队所面对的空筐内，然后迅速返回，与第二人击掌后站在队尾，第二人如第一人方法。依此类推。

（3）在规定的时间内看哪队的球筐内放的乒乓球多，多者为胜。

游戏图示：

游戏规则：

（1）听到信号或被击掌后方可从起点出发。

（2）到达终点，必须绕过球筐才能返回。

（3）学生不能故意阻挡其他队的队员，否则算违规，取消游戏资格。

注意事项：游戏的时间可以根据学生的情况进行调整。

3. 快速过独木桥

游戏目的：

（1）发展学生的速度、灵敏、协调等身体素质。

（2）提高学生控制身体平衡的能力。

游戏准备：在平坦的场地上，间隔5米放置4个平衡木，小帽4顶，秒表4块，计时员4人，裁判1人。

游戏方法：

（1）将学生分成10人一队，共4队，每队按顺序编号。4队同时进行比赛。每队站在一个平衡木一侧，1号学生先戴上小帽做好准备。

（2）裁判发出“开始”口令时，计时开始，1号学生跳上平衡木快速向前走，走至另一端时转身迅速返回，跳下平衡木，将帽子交给2号学生戴上。2号学生迅速跳上平衡木，重复1号学生的走法。依此类推。当10号学生返回起端跳下平衡木时，计时停止。以计时成绩排列各队名次。

游戏图示：

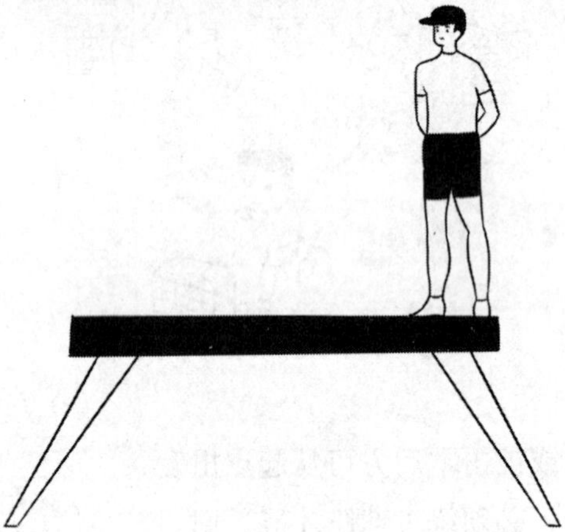

游戏规则：

（1）学生从平衡木上掉下，必须原地上平衡木，才能继续比赛。

（2）学生头上的帽子，必须在走完全程跳下平衡球后再交给下一位学生。

注意事项：

（1）平衡木两端贴标记线，学生出发、返回、跳下必须踏上标记线方为有效，否则重做。

（2）学生要穿软底防滑的鞋。

（3）学生走平衡木时最好两臂侧平举，以维持身体平衡。

（4）学生在返回转体时容易失去平衡，因此，要控制出脚转体方向，如右脚在前要向左转体，反之则换脚。

4. 跨越障碍

游戏目的：

（1）提高学生的协调性和快速奔跑的能力。

（2）培养学生勇敢顽强的品质。

游戏准备：跳箱两副，体操垫4块。在场地上画两条平行线，在两线中间并排放两副跳箱，跳箱前、后各放一块体操垫。

游戏方法：

（1）将学生分成人数相等的两队，各队又分为甲乙两组，各成纵队相对站在线后，分别与跳箱对正。

（2）游戏开始。教师发令后，各队甲组排头跑向跳箱，越过跳箱（不限方法）后，跑向本队乙组，拍乙组排头的手，然后站到乙组队尾。

（3）乙组排头用同样的方法跑向甲组，如此依次进行，每人轮流一次，最后以先完成的队为胜。

游戏图示：

游戏规则：

（1）发令和被拍手后方能起跑。

（2）跑至跳箱时，必须从跳箱上面越过，否则重新过箱。

注意事项：

（1）跳箱的高度可根据学生的情况适当调整。

（2）教师也可以规定越过跳箱的方法，以巩固所学的技术动作。

5. 跑垒成功

游戏目的：

（1）提高学生的速度素质和反应能力。

（2）让学生体验成功的快乐。

游戏准备：在平坦的场地上画正方形，边长为10米，在正方形的四个角上画直径为1米的圆圈。

游戏方法：

（1）将学生分成若干小组，每个小组人数相同，每个小组排好序号后，以纵队的方式站在正方形中的两条对角线上。

（2）教师或者裁判发出指令，排头要依次通过其他三个正方形上的圆圈，最后回到原来的位置，最先跑完的获得4分，然后依次是3分、2分和1分，同时跑完的可以获得相同的分数。

（3）第一个人跑完后，第二个人继续跑，整个小组都跑完，分数最高的小组获胜。

游戏图示：

游戏规则：

（1）跑时必须依次通过各垒，漏踏垒的不计分。

（2）不得抢跑，否则抢跑3次取消比赛资格。

注意事项：超人时必须从外侧跑过去，不得妨碍他人奔跑。

第二节 力量类

1. 双人单腿跳跃

游戏目的：

（1）发展力量素质，提高跳跃能力和动作的协调性。

（2）培养学生的合作意识。

游戏准备：在场地上画两条相距15米的平行线，一条作为起点线，一条作为折返线。

游戏方法：

（1）学生两人一组，正面相对站在起点线后。两人用右手互相握住对方的左腿，左手搭在对方右肩上，组成一只“蚂蚱”。

（2）教师发出指令后，两人以侧跳的动作到达折返线，然后马上左手握住对方右腿，右手搭在对方左肩上，以相同的方法，侧跳到起点线。最先回到起点线的小组获胜。

游戏图示：

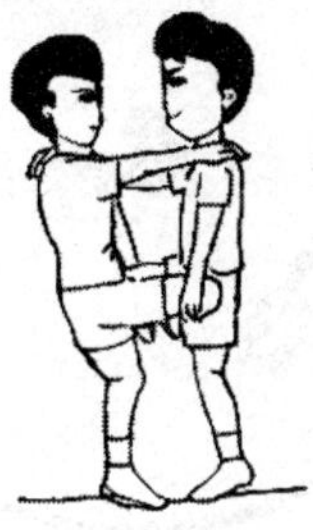

游戏规则：

（1）发令前不得踏线或抢跑。

（2）游戏中握腿的手不得松开。

注意事项：

（1）可采用接力等形式进行比赛。

（2）同组两人可喊口令，保持行动一致。

2. 群体相扑

游戏目的：

（1）提高学生身体的力量素质及反应能力。

（2）培养学生勇敢顽强的意志品质和战术意识。

游戏准备： 体操垫或柔软的沙地。

游戏方法：

（1）将学生分成人数和实力基本相等的两组，分散在游戏场地上。

（2）游戏开始，两组相互对抗相扑，可以用推、拉、摔、绊将对方摔倒，身体任何一点着地算失败，应退出比赛。将对方全部摔倒的组为胜。

游戏图示：

游戏规则：

（1）不准拳打或脚踢，否则算失败。

（2）身体任何一点着地都算失败，应主动退出比赛。

注意事项： 游戏前应做好充分的准备活动。

3. 九宫格踢毽

游戏目的：

（1）锻炼学生的腿部力量，提高腿部控制用力的能力。

（2）发展学生的弹跳性。

游戏准备：毽子若干，在场地上画九宫格，每格内标有不同的数字，代表对应的分数。

游戏方法：学生站在线外，将毽子踢入九宫格内，格内所标明的数字就是他所得的分数，每人共踢3次。

游戏图示：

游戏规则：

（1）毽子落在线上不计分。

（2）总分达到20分以上者获胜。

注意事项：

（1）根据学生的能力调整九宫格的大小。

（2）可分组进行比赛，以激发学生的练习兴趣。

4. 独脚推手

游戏目的：

（1）发展学生的平衡性。

（2）增强学生的上肢力量。

游戏准备：空场地一块。

游戏方法：

（1）学生两人一组，间隔两步，一对一地面对面站好。

（2）游戏开始，各人向后屈起右腿，以独脚站好。

（3）组织者发令后，两人用右手互推，将对方推至两脚着地，或者使对方移动位置的为胜。

游戏图示：

游戏规则：

（1）可以用假动作使对方失去平衡。

（2）不能抓住对方的手，将对方拉得失去平衡。

（3）脚跟提起不算失败，只有整个脚移动位置（跳动或滑动）才算失败。另外，提起的那只脚只要一触地就为失败。

（4）采用三局两胜制。

注意事项：此游戏的另一种玩法是，两人独脚站立，相互抓住手腕，发令后两人互拉，使对方脚步移动者为胜。

5. 四角拔河

游戏目的：

（1）发展学生的力量素质。

（2）培养学生斗智斗勇的精神。

游戏准备：长约8米的拔河绳一条，短木棒4个。

游戏方法：

（1）4名学生站成一个正方形，边长为2米。在正方形4个角外2米处各竖立一短木棒。将拔河绳首尾相连，从4人腰前围过。

（2）组织者发令后，4人用力向自己方向拉绳，同时看准机会用手去抓地上的木棒，先抓到木棒者为胜。

游戏图示：

游戏规则：

（1）教师发令后才能用力拉。

（2）游戏未停止前，不得突然松绳。

注意事项：这个游戏可采用擂台赛的形式进行，先由3人比赛，脚移动者退出比赛，补充1人再进行比赛，然后不断退出，不断补充，最后看谁最稳定。

6. 齐心协力

游戏目的：

（1）锻炼学生的下肢力量，提高其动作的灵活性和协调性。

（2）提高学生的心肺能力。

游戏准备： 画两条相距20~25米的平行线，一条为起跑线，一条为终点线，终点线上间隔一定距离插两面小旗。

游戏方法：

（1）将学生分成人数相等的两队，每队按3人一组，成3路纵队，面对小旗，站在起跑线后。各队第一组学生左右两人内侧手相握，中间的人单腿站立，另一腿弯曲抬起，两臂搭在两侧人的肩上，做好起跑准备。

（2）游戏开始，组织者发令后，第一组的3人同时行动，两侧的人向前跑，中间的人单足跳，至终点绕小旗返回，至起点线和第二组击掌后站到队尾。第二组按同样方法进行游戏。依此类推。游戏结束，以先跑完的队为胜。

游戏图示：

游戏规则：

（1）听到信号或被击掌后方可从起跑线出发。

（2）到达终点必须绕过小旗才能返回。

（3）两侧人互握的手不能松开，如松开必须原地握好再跑。

（4）中间的人必须是单足跳。

注意事项： 前一组学生返回时，应稍错开本队下一组学生，以免影响其跑动。

7. 勾手抛投比远

游戏目的：

（1）发展学生臂带肌群的力量，提高抛投动作技术。

（2）培养学生团队意识，提高学生技战术的运用能力。

游戏准备：平整的场地一块，实心球若干。

游戏方法：

（1）按身高相近原则，将学生分成人数相等的两组，沿边线成相向横队。

（2）每组轮流选出选手用勾手抛投动作掷实心球比远。甲组在起点线投后，乙组在第一落处往回投。以最后一名乙组选手投出的落点是否超过甲组的起点线来确定胜负。

游戏图示：

游戏规则：

（1）投掷时不能踩线。

（2）投掷前不能用助跑。

注意事项：投掷时要注意周围同学位置，防止意外伤害。

8. 鲤鱼跃龙门

游戏目的：

（1）发展学生上下肢力量及身体的协调性。

（2）培养学生敢于挑战、不畏困难的意志品质。

游戏准备：在场地上布置一个海绵包作为起跳点，在海绵包前1.5米处叠放4个海绵包，高度1米左右。在海绵包之间放1副跳高架，在跳高架2米以上高度上，拴一条皮筋拉直。有条件的可备2~4套“龙门”场地。

游戏方法：

（1）学生走向海绵包，面对皮筋高度站好，先轻轻跳几下，最后用力向上跳，两手上举，当上体过皮筋高度时再下潜，两臂屈肘撑海绵包，顺势来个前滚翻成蹲立，完成一次，“鲤鱼跃龙门”。

（2）学生返回起点继续做同样动作，第二次跃“龙门”、第三次跃“龙门”，直至有两次跃不过“龙门”。以学生完成跃“龙门”的次数排列名次。

游戏图示：

游戏规则：

（1）身体擦着皮筋过，仍计一次，如学生掉在两海绵包之间为失误一次，还有一次机会。

（2）跃“龙门”的身体姿势，只限正面双脚起跳，以上体下滑过皮筋为成功，其他姿势不计数。

（3）跃“龙门”时，皮筋被身体勾住拉长，算失误一次。

注意事项：

（1）赛前做好头、颈、肩、腰的准备活动。

（2）也可降低高度，改为“鲤鱼跃龙门”的接力赛，以最先完成的组为胜。

9. 小腿勾棒跳

游戏目的：

（1）提高学生身体的协调性，发展下肢力量。

（2）培养学生相互配合的能力。

游戏准备：在平坦的场地上，画两条平行线，距离15~20米，作为起点线和终点线，准备若干体操棒。

游戏方法：

（1）学生两人一组，都以相同侧的腿做支撑，另一腿向后，配合勾起体操棒，身体向前倾，保持平衡，两人肩膀可以抱在一起，彼此支撑，站在起点线后。

（2）教师发出指令后，两人按照约好的节奏向前跳，最先到终点的一组获胜。

游戏图示：

游戏规则：

（1）两人合作往前跳的时候，体操棒不得掉落，否则要拾起来从头开始。跳的过程中，手不得触碰体操棒。

（2）往前跳的时候，两个伙伴要彼此配合。

注意事项：

（1）两人合作往前跳的时候，动作不宜过大，避免体操棒掉落。

（2）向后勾起的腿要尽量保持不动，合作的两个学生身高要接近。

（3）游戏可以通过小组接力的形式进行，也可以通过两人一组比速度的形式进行。

第三节　耐力类

1. 持球突破抢篮板接力

游戏目的：

（1）练习持球突破及篮下投篮技术。

（2）提高学生技术动作的衔接能力和冲抢篮板球的意识。

游戏准备：篮球场地一块，篮球两个。在罚球线各放置一根立柱。

游戏方法：

（1）将学生分成人数相等的两队，各成纵队分别面对两个球篮，站在立柱后2米处。

（2）游戏开始后，排头手持篮球做好准备。教师发出指令，排头持球突破上篮，投中可得1分，投不中可以补投，投中后冲抢篮板球，第一时间传给第二个人，然后到队伍后面休息。第二个人同第一个人，依此类推，最先完成的队为胜。

游戏图示：

游戏规则：

（1）投篮的时候不得碰到立柱。

（2）教师发出指令之后，才能突破上篮。

（3）突破上篮过程中不得持续走步，也不得两次运球，否则重新进行。

注意事项：突破上篮的位置和距离可以调整。

2. 双人双摇跳绳

游戏目的：

（1）发展学生的上下肢力量、身体的灵活性，以及耐力素质。

（2）提高学生大脑的判断力。

游戏准备：大绳若干。

游戏方法：

（1）两个摇绳者分别站在场地两端，相距约3.5米，其左右手各持一根大绳，分别向内依次摇绳。

（2）学生根据自己的习惯先站在一摇绳者右侧，经过判断，待其右手向内摇绳、左手向上摇绳之际，跑向前，从右手向内侧摇绳触地之际跳过，随之又跳过左手向内摇的绳。

（3）学生可单脚交替跳，也可双脚连续跳，直至跳到失误。然后换下一名学生，依次进行。

游戏图示：

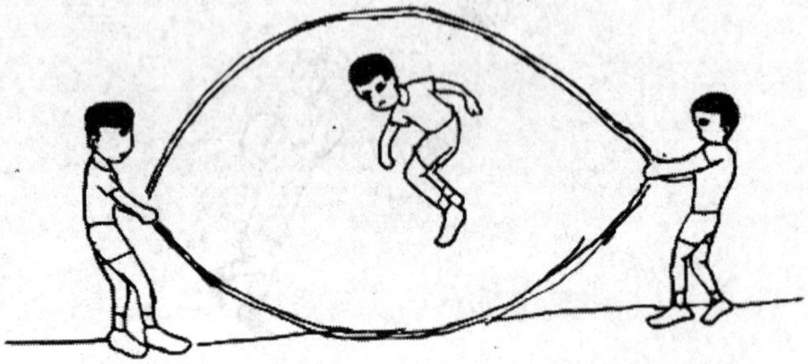

游戏规则：

（1）当大绳双摇起来后，学生上前跳，脚越过绳便开始计数。

（2）摇绳者与跳绳者要协调好摇、跳的节奏。

（3）摇绳者与跳绳者交换角色次数不限。

注意事项：

（1）摇绳者要选择两臂有力、能摇起大绳的学生担任，并且能交叉摇绳。

（2）赛前要熟悉跳的时机，待向下摇时，跳绳者上步跳绳。

3. 爬肋木接力

游戏目的：

（1）发展学生的攀爬能力及耐力素质。

（2）发展学生的全身协调性。

游戏准备： 肋木架两个。

游戏方法：

（1）将学生分成人数相等的两组，以纵队面向肋木站立。

（2）当组织者发出“开始”口令后，排头学生跑向肋木，开始向上攀登，爬到肋木上端时，要一腿迈过肋木，身体侧俯，从肋木顶端跨过，然后向下踏蹬，距地面还有两节肋木时，屈膝跳下，然后快速跑回起点，与下一名学生击掌。下一名学生重复前面一名学生的动作，直至最后一名学生返回起点。

游戏图示：

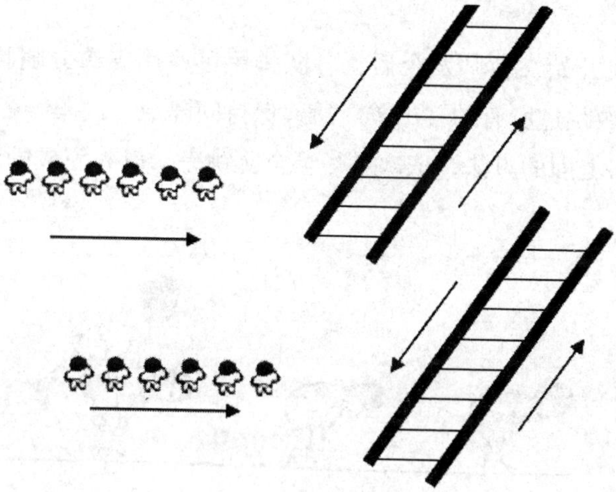

游戏规则：

（1）攀登肋木时如中途掉下，要从头攀登。

（2）从肋木上跳下必须是离地还有两节肋木时，否则为犯规。

注意事项：

（1）根据学生的情况选择肋木的高度和跑的距离。

（2）学生的衣服要便于活动，鞋要轻便，鞋底摩擦力要大。

（3）攀越肋木顶端时，上体要屈体，俯在上面转体比较容易。

4. 连续跳山羊

游戏目的：

（1）提高学生支撑跳跃的能力。

（2）培养学生勇敢顽强的意志，加强学生的身体耐力。

游戏准备：平坦的场地一块。

游戏方法：

（1）将学生分成人数相等的两队，各成一路纵队，彼此间隔2米。除队尾外，其他人都向前低头、屈体，同时双手撑在膝盖上成“山羊”姿势站好。

（2）游戏开始。教师发令后，各队排尾迅速用支撑分腿腾越的方法，向排头方向依次跳过所有的“山羊”后，保持间隔成“山羊”姿势站好。

（3）按照上面的方法，依次进行至全队跳完，以先完成的队为胜。

游戏图示：

游戏规则：

（1）学生必须用支撑分腿腾越的方法越过“山羊”，不得绕过。没有越过“山羊”者，要重新做并以越过为止。

（2）最后一名学生跳到头要立即举手喊“到”。

注意事项：

（1）学生在做“山羊”姿势时，头部可转向侧面，队形可改为圆圈。

（2）为了增加运动量，当第一人跳过“山羊”后，第二人可以马上站起跟在第一人后面，依次进行游戏。

5. 军民同心

游戏目的：

（1）强化学生的下肢力量，提高学生的耐力素质和弹跳能力。

（2）培养学生团结协作的能力，强化学生的集体荣誉感。

游戏准备：在平坦的场地上画两条平行线，之间相距9米左右，分别视为起点线和终点线，两条线之间视为洪水区域。终点线后面距离1米的位置画4个圆圈，直径为2米，视为“营“救”地。准备4个呼啦圈。

游戏方法：

（1）将学生分成人数相等的4个小组，小组的队长为“士兵”，手中拿着呼啦圈，在出发点做好准备。剩余小组成员是“百姓”，站在终点线的圈内。

（2）教师发出指令，“士兵”开始根据自己的情况抛出呼啦圈，然后跳进呼啦圈，从身体上方拿出呼啦圈，再向前抛，一直到达“对岸”，营救“百姓”。每次只能救一个人，和被救的“百姓”一起套进呼啦圈，跑回起点，被营救的学生成为“士兵”，按照之前方式继续营救剩下的“百姓”。哪个小组先将“百姓”营救完毕，哪个小组获胜。

游戏图示：

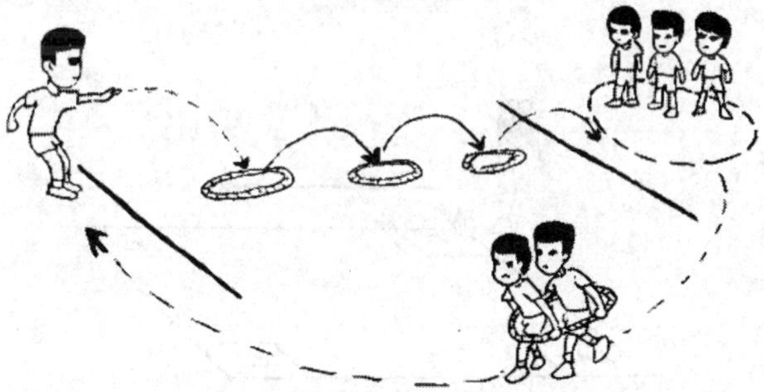

游戏规则：

（1）呼啦圈抛出的距离和位置不限，但是学生要跳进去，踩线和跳不中的，则要从上次的位置重新开始。

（2）等待营救的学生要在圈内等待，不得出圈。

（3）最先完成营救且犯规次数最少的小组获胜。

注意事项：也可将跨跳用单脚跳或者是蛙跳代替。

6. 移物归类

游戏目的：训练学生的速度和耐力。

游戏准备：在平坦的场地上画4个正方形，边长为10米，在每个正方形的4个角上画小正方形，边长为1米，分别标上A、B、C、D。准备4个毽子。

游戏方法：

（1）将学生分成人数相等的4组，起始点是场地中的A点，且在A点放置一个毽子，每组成一路纵队站在A点后。

（2）教师发出指令后，排头的学生将毽子转移到B点，然后依次跑过C、D、A点再跑至B点，将此处的毽子转移到C点，然后依次跑过D、A、B点再跑至C点，再将此处的毽子转移到D点。依次进行，一直到毽子转移到起始点A点结束。然后下一个学生开始。最先完成的小组获胜。

游戏图示：

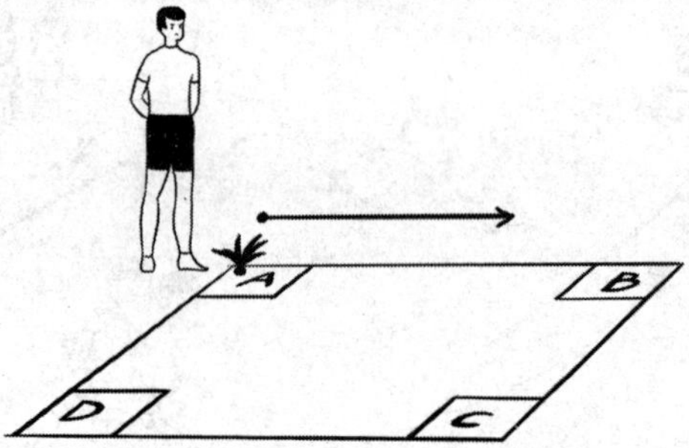

游戏规则：跑的过程中，要在线的外侧，不得踩线。

注意事项：

（1）根据学生的具体表现，可以增加学生的循环次数。

（2）根据学校操场的大小，可以调整正方形的边长。

7. 6分钟跳长绳

游戏目的：

（1）增强学生的心肺功能，强化学生的耐力。

（2）培养学生不怕困难、吃苦耐劳的意志品质。

游戏准备：长绳若干根，一块场地。

游戏方法：将学生分成若干小组，小组内两人摇绳，其他成员以纵队的方式站立在摇绳同学的一方，依次有节奏地跳入绳子，跳到另一个摇绳同学的一边，然后绕回到队尾。时间为6分钟。

游戏图示：

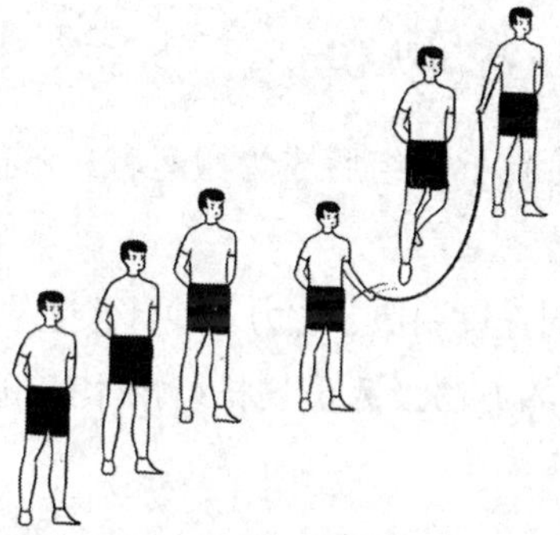

游戏规则：后面的学生要紧跟前一名学生，尽量不存在绳抡空的现象。另外，要交换摇绳的学生，让每个学生都能够公平地参与到游戏中。

注意事项：此游戏由于人数被限制，所以强度也较大，适合于体质较好和跳绳技巧较成熟的学生。

8. 搬运轻伤员

游戏目的：

（1）让学生掌握锻炼心肺的方法，以及搬运伤员的技巧。

（2）锻炼学生的耐力。

游戏准备：一块场地。

游戏方法：由1~2名同学搬运一位“伤员”（只是“脚部受伤的轻伤员”），由甲地到乙地（30米），搬运者留在乙地，“伤员”从乙地快速跑回甲地的队伍后，第二组搬“伤员”者开始。依次进行。

游戏图示：

游戏规则：“伤员”在下一组后成为搬运者，不能连续为“伤员”。

注意事项：

（1）搬动“伤员”时速度要快、省力，并且保证“伤员”的安全、舒适。

（2）搬运“伤员”的方法及人员安排可由本组同学商量后决定。

9. 坚持到底

游戏目的：

（1）锻炼学生的耐力。

（2）提高学生的爆发力。

游戏准备：跑道一段。

游戏方法：

（1）将学生分成人数相等的若干组，以8~10名同学一组为宜。

（2）比赛开始。第一名同学先原地进行高抬腿20次，然后加速跑10米，然后再高抬腿15次，加速跑10米，深蹲跳2次。当前一名同学深蹲完后，第二名同学从起点开始，重复第二名同学的动作。依此类推，直到最后一名同学完成。先完成的组获胜。

游戏图示：

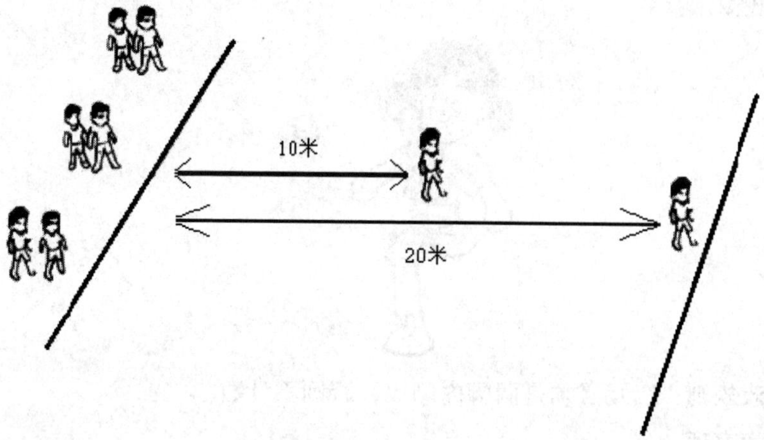

游戏规则：

（1）每组派出一名同学监督，如果没有做到指定次数将返回重新开始。

（2）高抬腿、深蹲动作要规范。

注意事项：平衡使用体力，不要盲目追求速度而到后面没有体力了。

第四节　柔韧类

1. 双脚盘踢毽

游戏目的：

（1）发展学生髋关节、膝关节的柔韧性。

（2）发展学生全身的协调性。

游戏准备：毽子若干。

游戏方法：

（1）开始时，学生两脚自然开立，左手自然下垂，右手持毽子置于胸前，掌心向上。

（2）右手将毽子轻轻抛起，一只脚内侧踢一次毽子后落地，另一只脚内侧踢一次毽子再落地，交替重复。

游戏图示：

游戏规则：盘踢必须是两脚内侧踢，否则不计数。

注意事项：

（1）盘踢过程中应及时移动重心，否则易失去平衡。

（2）小腿交替向内抬平，以利于脚内侧踢毽，其高度保持在腹前为佳。

（3）两脚交替均匀向上用力，并尽量稳定在原地支撑踢毽，否则高度、方向变化易失误。

2. 体操凳上踢腿

游戏目的：

（1）发展学生控制身体平衡的能力以及腿部柔韧性。

（2）培养学生勇敢顽强的意志品质。

游戏准备：体操凳两个。

游戏方法：

（1）将学生分成人数相等的两队，每队分成甲乙两组，每队甲乙两组队员各在体操凳两端成两路纵队面对面站立。

（2）教师发出口令后，甲组第一名学生爬上体操凳，一条腿支撑于体操凳上，另一条腿向前踢，然后落下，换另一条腿向前踢，两腿轮流前踢，到达体操凳另一端时，跳下与乙组第一名队员击掌，击掌后乙组第一名队员爬上体操凳，做与甲组第一名队员相同的动作。依次进行，用时最短的队获胜。

游戏图示：

游戏规则：听到口令后或击掌后，学生才可以开始游戏。

注意事项：

（1）在平地上练习熟练后再在体操凳上练习。

（2）根据学生的能力可以适当选择较宽的体操凳或替代物。

3. 狭路相逢

游戏目的：

（1）发展学生控制身体平衡的能力和身体柔韧性。

（2）培养学生遇事不慌的心理素质。

游戏准备：平衡木两个。

游戏方法：

（1）将学生分成两个小组，每个小组人数相同，这两个小组又分成甲乙两个小队，分别站在平衡木两边。

（2）教师发出指令，两队排头上到平衡木两端后，面对面地走到中间，然后交叉成背对背的形式，继续走到另一端，跳下平衡木。

（3）各队的第二人继续重复上述动作，一直到所有学生都走过平衡木。先走完平衡木的小组获胜。

游戏图示：

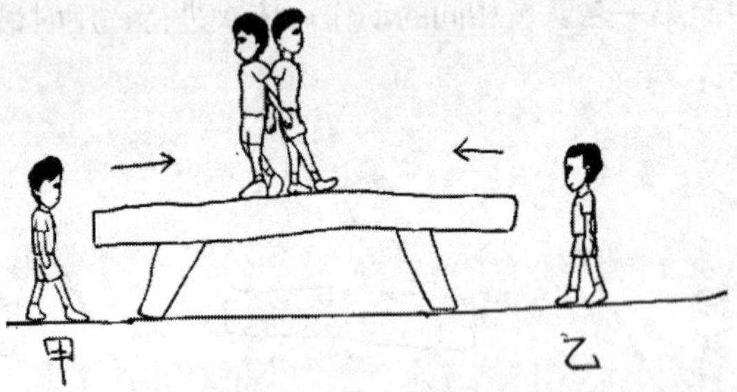

游戏规则：

（1）两个学生在平衡木上一起落地，一起重新上去继续走，不算犯规。

（2）只有一个学生从平衡木上落地，上去继续往前走，也不算犯规。

（3）学生抢上或抢下平衡木3次，取消全组比赛资格。

注意事项：

（1）教师提醒学生从平衡木上落地也算入总的时间，因此，要尽量不落地。在双人交叉过“桥”时，身体重心在支撑脚上。在“桥”上相遇时，学生要站稳后再向内转体交叉迈步，这是互让过“桥”的难点之一，因此要稳。

（2）可调整平衡木的高度来调整游戏的难度。

4. 看谁画得圆

游戏目的：发展学生的身体柔韧性以及大腿和手臂的力量。

游戏准备：平整场地一块。

游戏方法：

（1）将学生分成两个小组，每个小组学生人数相同，以横队的方式站好，且学生左右两臂要隔开，前后相距2米左右。

（2）教师发出指令，学生开始做好俯卧撑姿势，右脚支撑，左腿伸直，向前横扫画圆。哪个小组画圈的数量最多，则获胜。

游戏图示：

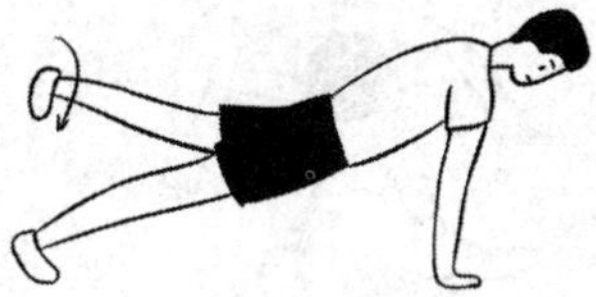

游戏规则：

（1）腿要伸直，以横扫的方式画圆，脚回到起始点后，便是一个圆圈。

（2）画圆的时候，身体要呈俯卧撑姿势，且支撑脚的前脚掌与地面接触。

注意事项：此游戏也可以变成加强力量的训练，做一个俯卧撑后再按上面的规则进行游戏。

5. 异姿运球接力

游戏目的：发展学生的身体柔韧性与协调性。

游戏准备：体操球 4 个。平整空地一块，画一条起点线，在起点线前15~20米处，每间隔2米放一面小旗，共4面，作为折返标志。

游戏方法：

（1）全班学生平分成 4 组，各组成一路纵队面对一面小旗站在起跑线后。

（2）教师鸣笛后，学生身体前屈，把球夹在上体和两腿中间，俯身行进至小旗处，然后再把球放在腹部用仰撑爬行的方式返回交给第二人。依此类推，最后先完成的组获胜。

游戏图示：

游戏规则：

（1）球从哪里掉下，应从哪里捡起来，重新开始。

（2）行进途中不能用手扶球。

注意事项：

（1）部分柔韧性确实很差的学生，可以允许其用手抓住踝关节以上部位。

（2）还可采用双人背向、相向夹球的姿势进行运球接力。

6. 回头一笑

游戏目的：提升学生的身体柔韧性，让学生更好地控制身体平衡。

游戏准备：选择平坦的场地，画一条10米的长线作为起始线，在起始线前10米外，画一个直径为1米的圆圈。

游戏方法：

（1）将学生分成若干组，每组人数相同。每组通过“石头、剪刀、布”的方式确定一个输者。

（2）输的学生背向站在圆圈中，赢的学生以横队的方式站在起始线后。

（3）教师发出指令，圆圈中的学生喊数字，从1到10喊完之后迅速回头一笑，起始线上的学生在对方喊数字的时候迅速以弓箭步的方式靠近圆圈中的学生。

（4）喊数字的学生回头的时候，靠近的学生要静止不动，身体失去平衡的学生则要到输者旁边，和输者拉着手，一直到最后的赢者靠近输者，趁其没有回头的时候轻拍其肩膀，大喊“偷营啦”，然后该名学生和其他学生（包括与输者拉手的学生）往回跑。

（5）圆圈中的学生马上喊“定”，然后所有的学生站住不动，圆圈中的学生通过立定跳远的方式，跳到离自己最近的学生旁边，然后下叉用脚依次触碰附近人的脚。被触碰到的人，成为下一次游戏的圆圈内的人。如果多人被触碰，则通过猜拳的方式确定输者，再次进行游戏。

游戏图示：

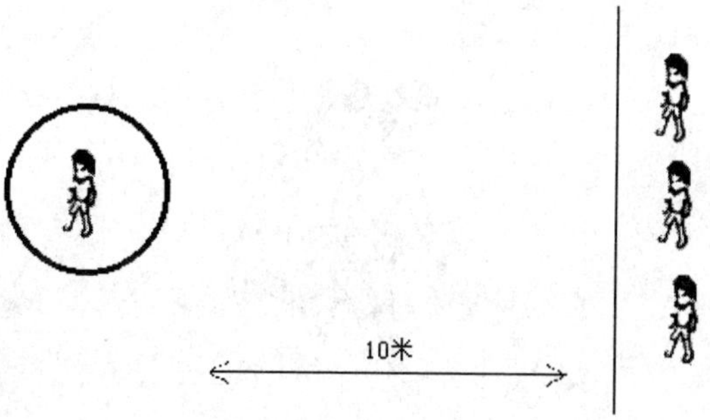

游戏规则：

（1）靠近输者的学生要以弓箭步的方式前进。

（2）输者回头的时候，前进的学生要静止不动，保持身体平衡，否则就要被罚到输者圈内和输者拉手。

注意事项：

（1）此项游戏适用于刚刚上课或者即将结束课程的时候。

（2）听到“偷营啦”往回跑的时候，学生之间要避免碰撞，防止出现摔倒等现象。

7. 三条腿走路

游戏目的：

（1）发展学生的柔韧性及灵活性。

（2）培养学生的团结协作意识。

游戏准备：在平坦的场地上画两条平行线，作为起点线和终点线，之间距离为10米。

游戏方法：

（1）学生两人一组，并排站在起点线后，相邻腿用布条或绳子捆住。

（2）教师发出指令后，两个学生相互协作，一起前行，先到达终点线的一组获胜。

游戏图示：

游戏规则：

（1）合作的两个学生，两条腿绑在一起后，不得分开。

（2）以捆绑在一起的腿到达终点线为准。

注意事项：

（1）两人要相互配合，以防摔倒。

（2）游戏也可改为三人四条腿走路。

8. 腰部传球接力

游戏目的：锻炼学生的柔韧性，充分活动腰部。

游戏准备：排球若干。

游戏方法：

（1）学生8~10人一组，将学生分成若干组，成纵队站立，排头手持一球，前一名同学与后面同学保持一定的距离。

（2）当听到哨音后比赛开始。第一名同学将球从头上向后弯腰传至第二名同学，第二名同学向下弯腰将球由胯下传至第三名同学，第三名同学重复第一名同学动作，第四名同学重复第二名同学动作。依此类推，传至最后一名同学结束。

游戏图示：

游戏规则：

（1）哨音响起比赛才开始，不能抢先传球。

（2）传球过程中不可以抛球，必须亲手将球递至另一名同学手上。

注意事项：

（1）游戏开始前稍微活动一下腰部。

（2）游戏进行时不可为了胜利而用力过猛，要防止受伤。

（3）可根据上课人数分组。

（4）排球可以换成足球、篮球。

9. 连贯前滚翻接力

游戏目的：锻炼学生全身的柔韧性。

游戏准备：体操房，垫子若干。

游戏方法：

（1）8~10名同学一组，将学生分成两组。

（2）比赛开始。第一名同学先前滚翻5次，然后快速跑回与第二名同学击掌，第二名同学重复第一名同学的动作。依此类推，直到最后一名同学跑回起点。

游戏图示：

游戏规则：

（1）前滚翻要动作标准，否则要重新翻。

（2）两组隔开一定的距离，防止翻的过程中碰到对方。

注意事项：

（1）每组人数可根据班内人数确定，但必须要分成两组。

（2）游戏也可在软草皮足球场上进行。

第五节　灵敏类

1. 绕“8”接力

游戏目的：

（1）发展学生的速度素质，让学生体会弯道跑内倾技术。

（2）提高学生跑的灵活性和协调能力。

游戏准备：在平整的场地上画两个“8”字圈，每个圆圈的直径8~10米。

游戏方法：

（1）将学生分成两组，每组人数相同，以纵队的方式站在起跑线后。

（2）教师发出指令，排头根据规定绕“8”字圈跑，跑回来后与第二名学生击掌，第二名学生继续，先跑完的组获胜。

游戏图示：

游戏规则：

（1）起跑的时候不能踩线，教师发令才能跑。前一名学生回来与后一名学生击掌后，后一名学生才可继续。

（2）按照规定的路线跑。

注意事项：

（1）场地可用篮球场代替。

（2）游戏前教师可讲解圆圈跑的技术方法。

2. 高抛快跑

游戏目的：

（1）发展学生快速起跑的能力。

（2）提高学生折回奔跑和抛接球的能力。

游戏准备：排球一个，场地一块，内线为起跑线和终点折回线。

游戏方法：

（1）教师将学生分成人数相等的甲乙两组。甲组选出一人在小圆圈中持球，作为抛球人；乙组选出一人站在大圆圈中，作为接球人。

（2）教师发出指令，抛球人将球抛出，球必须要落到大圆圈中，球抛出的时候，起跑线上甲组所有队员跑向终点然后返回，乙组接球员接球，接到后，将球传给自己队里和自己相距最近的成员。该队员接球后立即运球进入小圆圈，然后用球投击还没有来得及跑回安全区的任何一名甲组队员，掷中得1分。之后双方交换，游戏重新开始。如果掷不中，甲组仍做跑者，但乙组需换一名接球者。

游戏图示：

游戏规则：

（1）抛球人若将球抛出大圆圈，对方即可得1分。

（2）乙组运球到小圆圈后，甲组没有人跑回安全区可得2分，若能掷中甲组队员可再得1分。若乙组运球到小圆圈前，甲组已全部跑回安全区，则甲组得2分，若甲组没有全部跑回安全区，但在安全区前未被击中，则得1分。

（3）只能投击对方腹部以下部位，违者算失误。

注意事项：

（1）此游戏的场地大小可以根据学生的实际需要进行调节。

（2）此游戏的活动量比较大，不宜时间过长。

3. 躲流弹运球

游戏目的：

（1）提高学生的运球能力。

（2）发展学生身体的灵活性。

游戏准备：篮球场地一块、篮球一个、沙包若干。

游戏方法：

（1）教师将学生分成两队，每队人数相同，且选出每队的队长，然后以猜拳的方式，明确两队的攻守。进攻队以纵队的方式站在端线外面，排头手拿篮球准备运球。防守队分成人数相同的两个小队，站在两侧边线外面，人手一个沙包，准备随时阻击进攻队运球前进。

（2）教师发出指令，进攻队排头一边运球一边跑向另一端线，途中如果没有被防守队击中，则获得1分；然后运球返回，顺利返回的话，继续得1分，下一名学生继续。

（3）攻守双方交换进行游戏，最后以得分多的队为胜。

游戏图示：

游戏规则：

（1）防守队扔沙包的时候，不得踩到或者越过端线。

（2）进攻队运球的时候，失误或者被击中，都属于失败，然后下一名学生继续。

注意事项：此游戏防守队打沙包时只可击对方头部以下位置。

4. 对墙壁垫球

游戏目的：

（1）提高学生的垫球技术。

（2）培养学生对排球的兴趣。

游戏准备：排球若干个，平整的墙壁一面。

游戏方法：

（1）学生两人一组，每组一个排球，面对墙壁站立。

（2）教师发令后，一人对墙垫球，球碰墙落地反弹一次后，另一人将球垫到墙上，这样两人交替垫碰墙后落地反弹的球，直到某人失误结束。

游戏图示：

游戏规则：

（1）未垫到球或垫球未碰到墙为失误。

（2）必须在球落地反弹一次后再垫球。

（3）一人不能连续垫球两次或两次以上。

注意事项：

（1）为增加游戏难度，可要求垫球碰墙后不落地，也可由一名学生连续对墙垫球。

（2）可用对墙传球、扣球等方式进行游戏。

（3）可在经过练习之后再开始游戏。

5. 三球不同场

游戏目的：

（1）提高学生的传垫球技术。

（2）发展学生的反应能力和协同配合的能力。

游戏准备：排球场地一块，排球3个。

游戏方法：

（1）将学生分成两队，每队人数相同，分别站在球场一边，其中一队持两个球，另一队则持一个球。

（2）教师发出指令，游戏开始，双方开始发球，将球绕过网线掷向对方场内，如果一方区域中存在3个球，则这一队要失去1分。游戏结束后，失分少的队获胜。

游戏图示：

游戏规则：

（1）掷向对场的球必须落在场内，掷出界外为犯规，判失1分。

（2）不得持球停留3秒以上，违者判失1分。

注意事项：游戏中所使用球的数量，可以根据学生人数的多少和学生能力的高低确定。

6. 迎面传球接力

游戏目的：

（1）提升学生传球和接球的准确性，加快学生传球与接球的速度。

（2）增加传球技术练习的趣味性。

游戏准备：排球场地一块，画若干组相距3米的平行线，且准备若干个排球。

游戏方法：

（1）将学生分成若干小组，每个小组人数相同，每组又被分成两列，面对面地站在平行线后，每组排头手持一个排球。

（2）教师发出指令，排头按照规则进行传球，球最后回到排头，用时最短的小组获得胜利。

游戏图示：

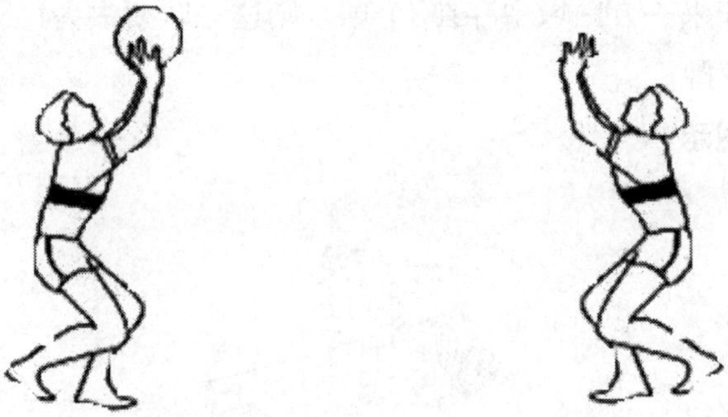

游戏规则：

（1）要按照规则传球，尤其是遵守既定的顺序和路线。

（2）传球失误的时候，失误的学生捡起球继续传球。

（3）传球过程中，学生不得踩线，也不可越线。

注意事项：

（1）游戏中，传球的具体方式和学生之间的距离可以灵活调整。

（2）游戏中采用的球，可以换成篮球等。

7. 对墙击球

游戏目的：

（1）提高学生的击球技术。

（2）使学生熟悉乒乓球的球性。

游戏准备：平整的墙壁一面，乒乓球、乒乓球拍若干。

游戏方法：

（1）学生两人一组，每组一个乒乓球、一副球拍。

（2）教师发令后，一人对墙击球，球碰墙再落地反弹一次后另外一人再将球击出，如此连续交替击球，直到某人失误结束。

游戏图示：

游戏规则：

（1）击球未碰到墙为失误。

（2）必须在球落地反弹一次后再击球。

（3）一人不能连续击球两次或两次以上。

注意事项：

（1）根据墙壁的大小，可几组同时进行。

（2）为增加游戏难度，也可要求球碰墙后不落地击球。

（3）可在经过练习后再开始游戏。

8. 颠乒乓球接力

游戏目的：

（1）使学生熟悉乒乓球的球感。

（2）培养学生的集体荣誉感。

游戏准备：乒乓球、乒乓球拍各两个，栏架两副，板凳两个。

游戏方法：

（1）将学生分成人数相等的两队，成纵队站在起点线后，两队间隔4米，各队排头拿一个乒乓球拍和一个乒乓球，各队正前方5米处放一副栏架，在栏架的正前方5米处放一个板凳。

（2）教师发令后，各队排头学生一边用球拍颠球，一边向前跑，学生跑至栏架处时，击球往上跳过栏架，再用球拍接住球，继续边颠球边跑，绕过板凳后跑回本队，将球与球拍交给第二人，第二人又依次进行，直至最后一人做完。先完成的队为胜。

游戏图示：

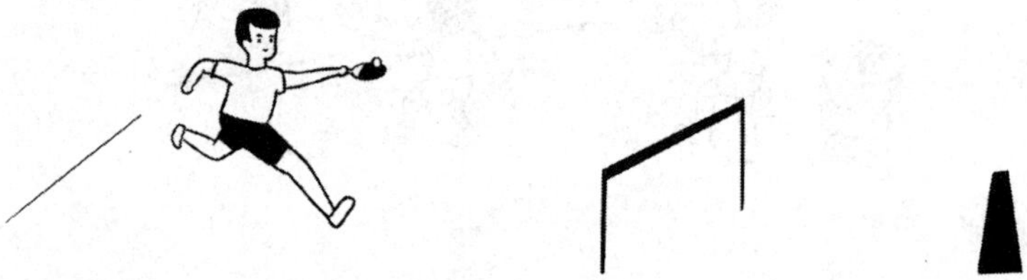

游戏规则：行进中颠球的高低与次数没有规定，但球掉了要原地捡起放好后才能继续前进。

注意事项：

（1）本游戏安排在有乒乓球教学内容的课中较好。

（2）本游戏也可在回转点横牵一条高度1~2米的绳子，学生跑至绳子处时，击球往上跳过绳，然后学生从绳下钻过再用球拍接住球继续边颠球边跑回本队。

9. 依次击乒乓球

游戏目的：

（1）提高步伐移动速度和击球技术。

（2）发展灵敏素质，提高判断力和应变能力。

游戏准备：乒乓球台一副，乒乓球一个，乒乓球拍若干。

游戏方法：

（1）学生按顺序报数，并按奇偶数分站在球台两侧。

（2）游戏开始，1号队员发球击第一下，然后迅速站到偶数队。2号队员在对面击球，然后迅速站到奇数队。依次进行游戏。

游戏图示：

游戏规则：

（1）必须轮换击球，按乒乓球比赛规则进行游戏。

（2）接球时不能发力击球，否则算失误。

注意事项：

（1）失误者可暂罚出局，待另一人失误后，再换其继续参加。

（2）可不限制击球力量、速度等。

（3）学生人数可根据其水平进行增减。

10. 单杠前翻下接力

游戏目的：

（1）让学生掌握单杠前翻下技能，提升学生的动作灵敏性。

（2）强化合作精神，提升学生合作能力。

游戏准备：两副并排单杠，单杠下面都有垫子，正对单杠两边10米的地方画起跑线。

游戏方法：

（1）将学生分成人数相等的两个小组，每个小组再分成甲乙两组，分别以面对面的方式站在起跑线后。

（2）教师发出指令，游戏开始，甲组排头跑向单杠做跳上支撑前翻下动作，跑到本小组的乙组，和排头击掌后，站在队尾休息。乙组排头重复之前的动作，先完成的小组获胜。

游戏图示：

游戏规则：

（1）教师发出指令后才可进行游戏。

（2）上一名学生完成之后要与下一名学生击掌。

（3）单杠动作要标准。

注意事项：

（1）单杠的高低要根据学生能力而定。

（2）可用两名力大的学生相互握住对方手腕代替单杠进行游戏。

（3）根据学生的能力，可以做腹回环、骑撑后回环等动作。

11. 抱腿游戏

游戏目的：

（1）提高身体的灵活性及反应能力。

（2）培养勇敢顽强的意志品质。

游戏准备：体操垫或柔软的沙地。

游戏方法：

（1）学生每两人一组，面对面站在垫子或沙地上。

（2）教师发令后，一人想方设法抱对方的腿，而另一人千方百计不让对方抱住，一定时间后，两人交换角色，反复进行。

游戏图示：

游戏规则：

（1）可以用任何姿势抱腿，但不得冲撞和踢打。

（2）必须双手抱住才算胜，仅用手摸到不算胜。

注意事项：

（1）游戏前应做好充分的准备活动。

（2）可以采取分组比赛的形式进行游戏。

12. 印第安舞比赛

游戏目的：

（1）了解异域风情，扩展学生的知识面。

（2）激发学生学习舞蹈的兴趣。

游戏准备：在场地上画5个小圆圈，各圈相隔1米（四角各画一个圈，中间再画一个圈），圈里各竖1根小木柱。

游戏方法：

（1）学生围成一个大圆圈，围在这些小圆圈的四周。

（2）教师发令后，大家就你推我挤（动作像印第安人跳舞一样），把别人挤到小木柱上去。谁把小木柱碰倒了，谁就退出游戏。剩下的最后3个人就是优胜者。

游戏图示：

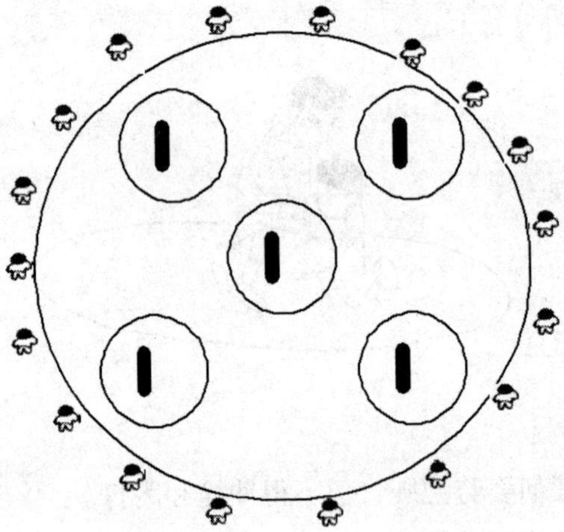

游戏规则：

（1）教师发出信号后，游戏才可以开始。

（2）学生在你推我挤的时候，别人不可以去帮助或妨碍他们。

注意事项：也可以进行其他的舞蹈比赛，如藏族舞蹈、竹竿舞比赛等。

13. 单脚盘踢背部停毽

游戏目的：

（1）提高学生腿部的灵活性和全身的协调性。

（2）巩固学生单脚盘踢毽动作。

游戏准备：毽子若干。

游戏方法：

（1）开始时，学生两脚自然开立，左手自然下垂，右手持毽子置于胸前，掌心向上。

（2）右手将毽子轻轻抛起，等毽子落到适当高度时，右腿屈膝，用脚内侧将毽子踢起，接着上体前屈，用背部将空中落下的毽子接住。

（3）然后两脚同时蹬地，上体耸动，使毽子由背上顶起，接着上体伸直，使毽子由前面落下。

（4）当落到适当高度时，再用右脚将毽子踢起，如此循环进行。

游戏图示：

游戏规则：

（1）接住毽子时，上体应尽量前屈，与下肢约成90° 角，两腿应同时屈膝，身体重心平均放在两脚上。

（2）两脚蹬地使毽子由背上顶起后，身体应立即向左转并伸直，以便继续踢毽。

（3）毽子落地就算失败。

（4）以完成次数多少分胜负。

注意事项：

（1）可以按规定时间内完成次数多少分胜负。

（2）可进行分组比赛，以激发学生的练习兴趣。

14. 转圈投沙包

游戏目的：

（1）发展学生旋转后小脑的定向能力。

（2）发展学生的投掷能力。

游戏准备：沙包若干，场地一块。

游戏方法：

（1）组织者宣布开始后，学生拿沙包向左或向右旋转一圈，面向场地投掷，尽量将沙包投向八角的分数。

（2）每投一次沙包停30秒，再转圈再投沙包，直至投完5个沙包。

游戏图示：

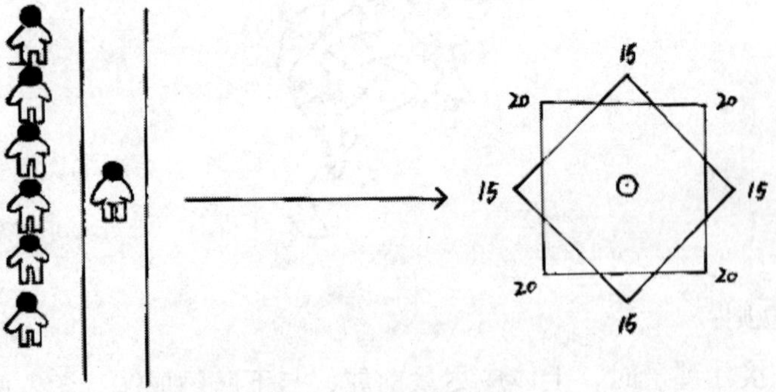

游戏规则：

（1）转圈投沙包时，脚不能踏过投掷线，否则为犯规，得分无效。出手后脚踏线不算犯规。

（2）如转圈时倒了，只要脚没有过投掷线就不算犯规。

（3）沙包压线不计分。

（4）投沙包没有总时间限制，但每次转动后停留时间不得超过30秒。

（5）学生在转投时，如感觉身体不平衡，可采用左右两侧转的方法，保持身体平衡。

（6）转圈速度自由掌握，转速慢易掌握平衡，有利于投准。

注意事项：根据学生的能力调整投掷线与八角的距离、八角的大小以及旋转的圈数。

小结

水平四阶段的学生，对应处于初中阶段。该阶段学生的体重和身高都明显增加，内脏功能日益完善，肺活量达到成人水平，心率减慢，大脑协调能力和控制能力显著提升，更明显的特征是出现第二性征。

水平四阶段的学生年龄在12~15岁。在现有的体育教学和健康学习评价的基础上，结合学生身心发展的特点，体育游戏在体育课程中的介入对促进学生的体育参与能力、基础技能锻炼、身体健康和心理健康及社会适应能力都起到了良好的作用。对该阶段的学生要进行科学的训练，适当增加体育游戏的难度，比如提高对精准度的要求、增加活动量等。设置的游戏要有趣味性，能调动学生的学习热情。体育游戏内容和方法要多样化，根据学生的实际情况，不断创新游戏的内容和方法，创编出能让学生身心全面发展的游戏。

速度类、力量类、耐力类、柔韧类、灵敏类游戏，对于初中生的体育参与意识能起到积极的作用，对学生的基础技能有一定的促进作用，运用到体育游戏教学后，学生的身体素质有了一定程度的提高。体育游戏也有利于学生的心理健康，提高其社会适应能力。

第八章　高中1~3年级（水平五）体育游戏

第一节　速度类

1. 迎面接力赛

游戏目的：

（1）提高学生的奔跑速度。

（2）强化学生的集体主义意识。

游戏准备：场地一块，接力棒若干。

游戏方法：

（1）将学生分成两个小组，每个小组人数相同，小组内再分成甲乙两组，之间距离30米，面对面以纵队的方式站在两端线后。

（2）甲组排头快速奔跑到乙组，将接力棒交给乙组排头，然后到队尾休息，乙组排头快速奔跑到甲组，将接力棒交给甲组第二人。依此类推，先完成的小组获胜。

游戏图示：

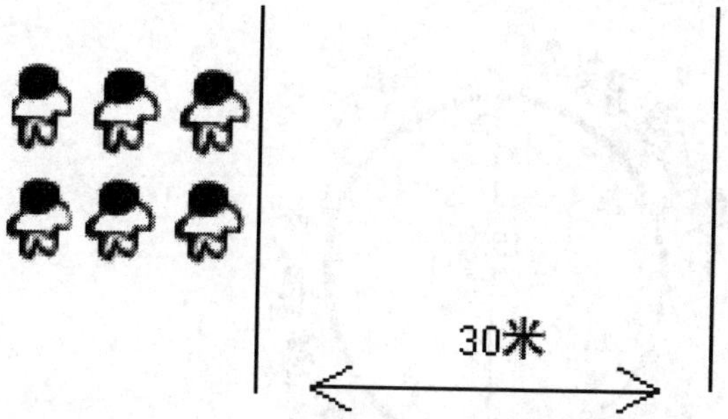

游戏规则：

（1）接棒的时候不得出限制线。

（2）接力棒要送到手中，而不是抛出，掉落的时候要由本人捡起。

注意事项：交接棒时要有默契。

2. 报数追拍

游戏目的：提高学生的反应能力及奔跑速度。

游戏准备：在场地上画一个直径为15米的圆圈。

游戏方法：

（1）将学生排成横队，按照1到5报数，并记住各自的号数，5名学生为一组，按照顺序站好，所有学生按照相同距离，站在画好的圆圈上，以逆时针的方向站立。

（2）教师发出“齐步走”的口令，所有人员围绕圆圈前行。行进中，教师突然喊“2号”，然后2号学生听到后在圈外以逆时针的方向奔跑，追赶前一组的2号学生，剩余学生要暂时停止前进。按照规定，2号学生跑一圈，回到之前位置。在追赶中，成功追到前一名2号的学生得1分，被追到的学生失1分。游戏结束时，得分最多的小组获胜。

游戏图示：

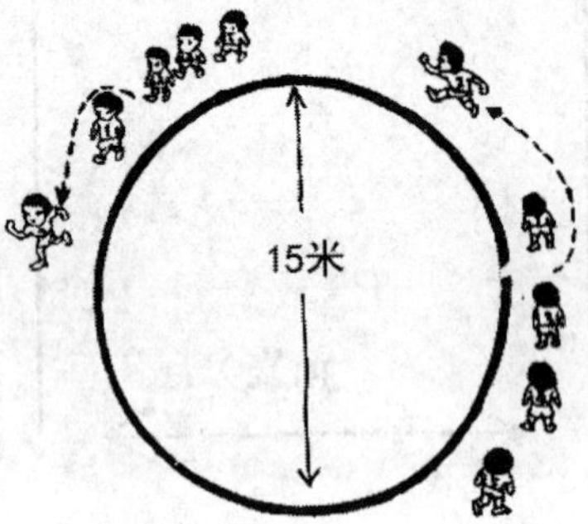

游戏规则：

（1）追赶的时候要以逆时针方向追赶。

（2）停下来的学生不得阻挠追赶者。

注意事项：可以规定跑两圈或两圈以上再进行追拍。

3. 折返跑接力

游戏目的：

（1）提升学生的速度和灵敏度。

（2）强化学生急停和折返跑的能力。

游戏准备：在平坦的场地上，画一条起跑线与3条折返线，折返线到起跑线的距离不等，分别是15米、10米和5米。

游戏方法：

（1）将学生分成4个小组，每个小组人数相同，以纵队的方式站在起跑线后。

（2）教师发出指令，排头学生跑到5米折返线处，折返跑回起跑线，然后再跑到10米折返线处，折返跑回起跑线，然后再跑向15米折返线处，折返跑回起跑线，和第二个人击掌，回队尾休息，下一个人按照此方法继续奔跑。直至整个小组的成员都跑完，最先跑完的小组获胜。

游戏图示：

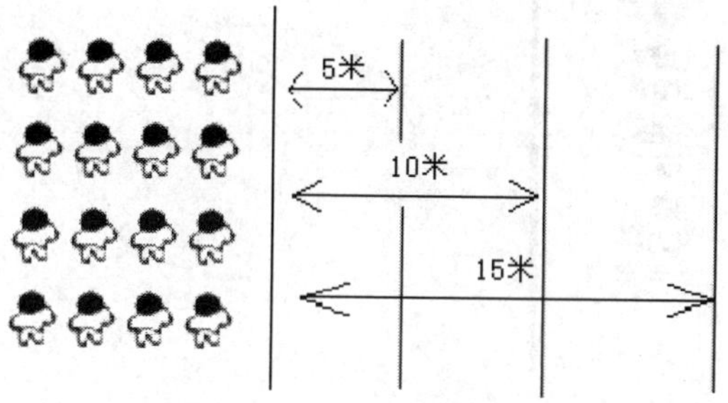

游戏规则：教师发出指令后，或者学生进行击掌后，才可开始游戏。折回跑的时候，脚要触到折返线，不然重新开始。

注意事项：

（1）折回跑的距离和次数，可根据奔跑能力适当增减。

（2）此游戏也可采用多种方式的综合折回跑，如向前跑、倒退折回跑等。

4. 淘汰赛跑

游戏目的：训练学生的弯道跑技术和速度。

游戏准备：在场地上画一个直径为9~12米的圆圈，在圆圈外画一条线为起跑线。

游戏方法：

（1）游戏开始时，学生站在起跑线上。

（2）教师发令后，学生绕圈跑，可规定每人跑两圈，跑在最后的一个人被淘汰，其他人继续跑。然后再规定每人跑一圈，跑在最后的一个人被淘汰，其他人再继续跑。直到游戏进行到只剩6~8人跑时结束，最后剩下的6~8人为优胜者。

游戏图示：

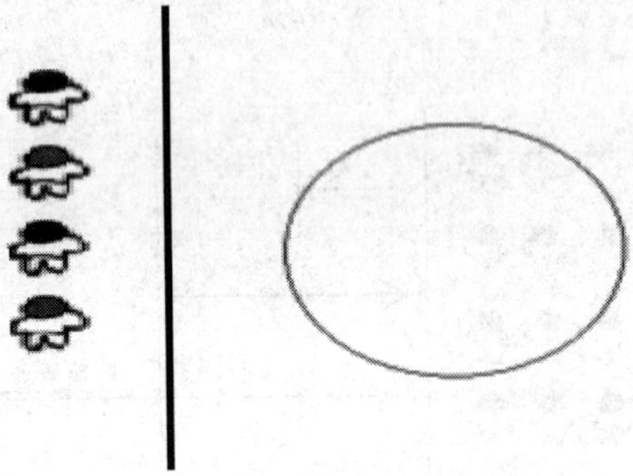

游戏规则：

（1）听到信号后才能起跑。

（2）超越别人时，应从右边越过。

注意事项：根据学生人数，适当安排场地的大小和规定要跑的圈数。

5. 过五关

游戏目的：强化学生的奔跑能力。

游戏准备：在平坦的场地上画5个长方形，长方形之间距离为2米左右，长方形的长和宽分别为15米和5米，并且在每个长方形相同的角落上，画一个正方形格子。距离第一个长方形的2~3米处，画一条起跑线。

游戏方法：

（1）将学生分成两个小组，每个小组人数相同，每个小组中选出组长，通过猜拳的方式，明确两个小组的攻守方。防守小组成员平均分布在5个长方形中，且选择好位置之后，要保持不动，具体位置可以由本组组长来安排。攻击小组以纵队的方式站在起跑线后。

（2）教师发出指令后，攻击小组想办法冲过5个长方形而不让对方拍到自己。成功冲过者，可获得2分。没能全部冲过，但冲过2个及以上者，可获得1分。攻击小组冲过长方形的时候，被对方拍到，则要站在这一长方形的正方形格子中。等攻击小组成员全部参与游戏后，两个小组换身份，继续进行，最终总成绩高的一组获胜。

游戏图示：

游戏规则：

（1）攻方从起跑线等待信号后才能开始。

（2）攻方躲避守方的抓捕，攻方被拍到后站到正方形格子里。

（3）每轮游戏时间3~5分钟。

注意事项：在游戏进行中，教师要启发学生团结一致，发挥集体力量、智慧去争取胜利。

6. 多人推挡

游戏目的：培养学生的乒乓球感和奔跑能力。

游戏准备：乒乓球台若干，乒乓球拍若干，乒乓球若干。

游戏方法：学生6人一组，平均分布在乒乓球台周围，6人手拿乒乓球拍轮流推挡乒乓球，哪组推挡次数最多就获胜。

游戏图示：

游戏规则：轮流推挡来球，及时记录推挡次数。

注意事项：

（1）根据学生能力逐渐减少每组人数，最后可以两人一组进行练习。

（2）注意学生之间的距离，以免学生用球拍拍到组员。

7. 跳木马

游戏目的：提高学生的奔跑速度和灵敏反应能力。

游戏准备：在平整的场地上画两条相距10米的直线，并在两条直线的中间画直径2~3 米的木马区。

游戏方法：

（1）将学生分成人数相等的两队，每队再分成甲乙两组，分别成纵队面对面相距10米站在起跑线后。

（2）当哨声响起，各队的甲组排头迅速跑到木马区，然后，上体前屈，手撑双膝，当木马。各队乙组排头跑到木马区，手撑“木马”分腿越过，接着各自跑向本队的另一组，拍同伴的手，站到排尾，下一组以同样方法进行。每队中全体队员均要做木马。先完成的队为胜。

游戏图示：

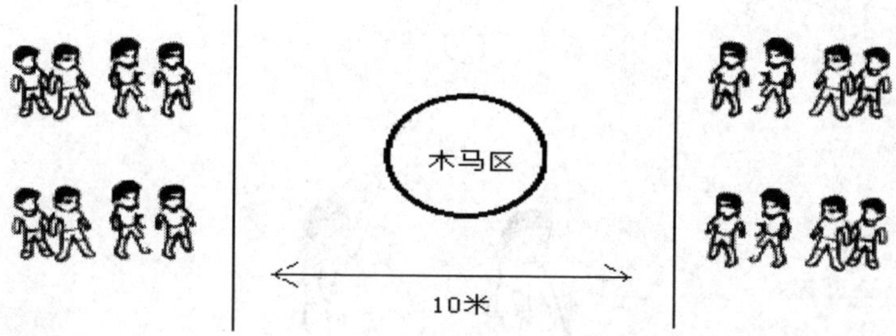

游戏规则：必须是由甲组成员跑到木马区当木马后，乙组成员才能跳，否则无效。

注意事项：此游戏也可全班分成两人一组。各自做完第一次以后，分别跑向起跑线，踩线以后再返回做一次，看哪一组在单位时间内做的次数多。

8. 飞速拿棒

游戏目的：提升学生的奔跑速度、灵敏性和协调能力。

游戏准备：在场地上画一条起跑线，在起跑线前画两个直径2米的圆圈，在圆圈前画一条竖线，线上竖立若干根木棒，准备两个小沙包。

游戏方法：

（1）将学生分成两个小组，每个小组人数相同，成纵队站在起跑线后，排头手持一个沙包。

（2）教师发出指令，排头进入圆圈，将沙包垂直抛出，然后跑到前方取尽可能多的木棒，快速回到圈里，接住掉落的沙包。成功接住沙包的同学手里有几根木棒计几分，没有接住沙包的同学不计分。然后排头将沙包交给第二名同学，依次进行，得分最高的小组获胜。

游戏图示：

游戏规则：未接住沙包或脚在圈外时接住沙包，算失败。

注意事项：根据游戏对象加大或减小距离。

9. 后抛实心球转身跑

游戏目的：

（1）锻炼学生的反应速度，提高身体快速转身跑的灵活性及加速跑的能力。

（2）培养学生的空间感觉和拼搏精神。

游戏准备：50米长的跑道，实心球若干，秒表若干。

游戏方法：教师发出“预备”口令后，学生背对前进方向，双脚站在起跑线后呈半蹲姿势，双手持球于体前预备。教师发出“开始”口令后，计时开始。学生双臂伸直向后抛球，然后迅速后转身面对终点起跑追球，追到球后双手接着向后抛球，直至将球抛过终点，然后学生转身跑向终点，到达终点线计时结束。以学生跑过终点线的成绩排列名次。

游戏图示：

游戏规则：

（1）比赛前呈半蹲姿势并持球准备。

（2）球要出手后才能加速奔跑。

（3）拿到球后立刻转身投掷，直至到达终点。

注意事项：本游戏也可改为后抛沙包转身跑。游戏前做好准备活动，以免受伤。

10. 十字接力

游戏目的：提升学生的奔跑速度，让学生认识到合作的重要性，提升学生的协作能力。

游戏准备：

（1）接力棒4根。

（2）在平坦的场地上画圆圈，直径10~15米，过圆心画两条垂直的直线，穿过整个圆，且延长到圆圈外1米，超出的这1米是起跑线。

游戏方法：

（1）将学生分成4组，每组人数相同，然后分别站在圆圈中的“十”字线上，面向起跑线。

（2）排头手持接力棒，教师发出指令后顺时针奔跑。

（3）排头跑一圈后回到起点，将接力棒交给下一名学生后回队尾休息，下一名学生继续奔跑。先跑完的组获胜。

游戏图示：

游戏规则：

（1）奔跑的时候要始终围绕圆圈，不得踩线，也不得跨进圆圈中。

（2）接力棒不得抛，掉落的时候当事人要捡起。

（3）超越别人的时候要靠右，不得推撞他人。

（4）将接力棒交给小伙伴后要马上离开跑道，到队尾休息，不得妨碍他人奔跑。

注意事项：也可将本游戏改为“追拍”游戏。

第二节　力量类

1. 火车赛跑

游戏目的：发展学生的腿部力量和协作能力。

游戏准备：平整空地一块。

游戏方法：

（1）将学生分成人数相等的两个小组，以纵队方式站在起点线后。每个成员将右脚给后面的人，且右手抬着前面人的右脚，左手放在前面人的左肩上，排头、排尾不屈腿，组成一列“火车”。

（2）教师发出指令，小组按照相同的节奏跳跃前行，排头、排尾走步前行。最后的“车尾”通过终点线快的小组获胜。

游戏图示：

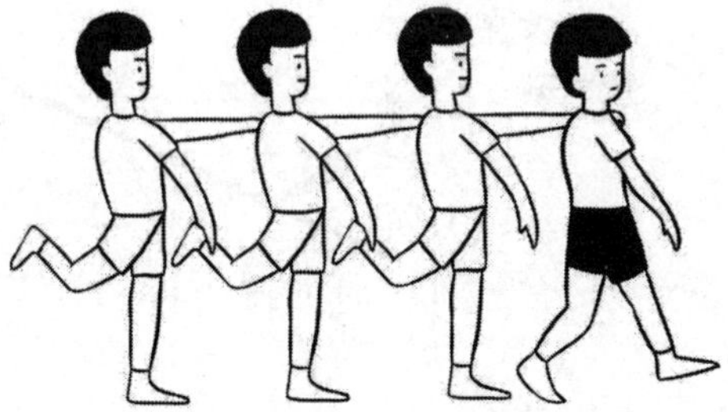

游戏规则：

（1）游戏过程中，右腿放下或者右手松开的话，必须要马上恢复才能继续前行。

（2）游戏过程中，两个小组的学生之间不得相互干扰。

注意事项：注意同学之间的配合，做到动作和谐。

2. 横线拔河

游戏目的：发展学生的力量素质。

游戏准备：在场地上画3条间隔3米的平行线，10米长的粗绳一根。

游戏方法：

（1）把学生分成人数相等和体力大致相同的甲乙两队，面对站立，双手握绳站在中间线上。

（2）教师鸣笛后，双方力争把绳拉过背后3米线，将对方半数以上的队员拉过线的一方胜。

游戏图示：

游戏规则：

（1）不得抢先用力拉绳。

（2）绳子必须横拉。

注意事项：人数均等，男女比例协调。

3. 杠上前进

游戏目的：发展学生的上肢力量，提高身体协调性。

游戏准备：双杠2~4副。

游戏方法：

（1）教师全班学生分成人数相等的若干组，组数同双杠数。各组成纵队站在杠端准备。

（2）发令后，各组排头两手扶杠端跳上成双臂撑杠，然后直臂撑杠双手交替向前移动，直到另一头杠端跳下。随后，第二个人以同样方法继续。各组以最后一名学生跳下结束，最先完成的组获胜。

游戏图示：

游戏规则：

（1）行进中脱手落地者，在原地重新跳起继续。

（2）前一名学生跳下后，后一名学生方能双手扶杠跳上。

注意事项：

（1）注意保护措施。

（2）双杠的高度要调整稍低，1~1.2米为宜。

4. 蹲姿跳绳

游戏目的：发展学生的下肢力量，提高跳绳的趣味性。

游戏准备：跳绳4根，标志物4个。

游戏方法：

（1）全班同学分成人数相等的4队，成纵队站在起跑线后，每队排头队员手持一根跳绳。

（2）教师发出“预备”口令后，每队排头蹲在起跑线后，双手持绳放在体后预备。教师发出“开始”口令后，每队排头摇绳，蹲姿跳过，绕过前方标志物处返回，将跳绳交给下一名队员。依此类推，先完成的队获胜。

游戏图示：

游戏规则：

（1）全蹲跳是指大小腿折叠紧的跳跃，动作不符合标准的，罚原地蹲转一圈。

（2）在蹲跳过程中，如有失误未过绳，可在原地调整。

（3）整个过程必须是蹲姿。

注意事项：

（1）严格按照蹲姿进行跳绳前进。

（2）按照顺序依次进行。

5. 穿梭立定跳远

游戏目的： 锻炼学生的灵敏素质和腿部力量，强化学生的跳跃能力。

游戏准备： 平坦的场地，在场地上画两条平行线。

游戏方法：

（1）将学生分成人数相等的甲乙两队，各成一路纵队，面对面站在两条平行线后。

（2）游戏开始，甲队一队员先站在横线处做立定跳远，然后由乙队一队员在甲队员落地点为起点做立定跳远。

（3）如超过甲起点（横线），乙队得 1 分；如没跳过横线，甲队得1分。然后各队第二名队员按同样的方法进行比赛。依此类推，最后以得分多的队为胜方。

游戏图示：

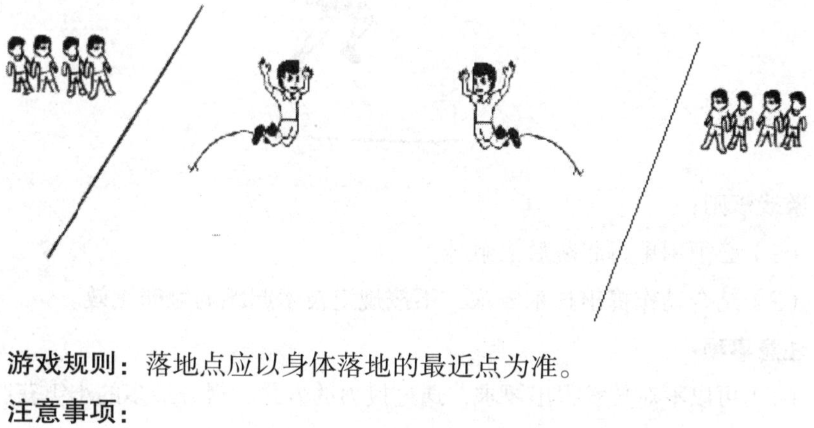

游戏规则： 落地点应以身体落地的最近点为准。

注意事项：

（1）此游戏也可用不计分的方法进行比赛，即从乙队第一人以后，甲乙两队所有队员均以对方的落点为起点向对方方向跳，以乙队最后一人的落点与横线的位置关系判定胜负。

（2）不要拉人，以免发生伤害事故。

6. 触吊球

游戏目的：发展学生的跳跃能力。

游戏准备：吊球若干。

游戏方法：

（1）学生分成人数相等的若干组，各组成一路纵队，每组前方同等距离、同等高度放置吊球一个。

（2）学生依次按要求做助跑起跳动作后用手触球，触到球即算得1分，得分多的组为胜方。

游戏图示：

游戏规则：

（1）必须用单脚起跳后去触球。

（2）结合动作提出技术要求，不按规定技术起跳的触球无效。

注意事项：

（1）可以不对技术提出要求，通过接力的方式，得分最多的小组获胜。

（2）挂吊球的带子长短要合理，避免触球后摆动幅度过大。

7. 看谁摘桃多

游戏目的：发展学生的弹跳力，让学生熟悉排球起跳扣球技术。

游戏准备：排球若干。

游戏方法：

（1）教师可将学生分成人数相等的若干组，各成纵队站在起点线后，每组前方挂有同等高度的排球1个，各组指定1名裁判，站在本组挂吊球的一侧。

（2）游戏开始，学生依次助跑、起跳用手触球，触到球者得1分。游戏结束时，以触球次数多的组为胜方。

游戏图示：

游戏规则：

（1）必须双脚起跳触球。

（2）学生一人一次起跳触球。

注意事项：

（1）吊球带子不能太长，避免左右摆动，影响下一个学生触球。

（2）根据学生的实际情况，可按排球技术做助跑、起跳、扣球练习。

8. 收腹举腿接力

游戏目的：发展学生的腰腹肌力量。

游戏准备：肋木两组，距肋木15米处画一条起跑线。

游戏方法：

（1）将学生分成两个小组，每个小组人数相同，然后面向肋木站在起跑线后，两个小组之间距离3米左右。

（2）教师发出指令，排头跑到肋木的地方，爬到上方，握住横杆，快速收腹举腿至脚背触手握的横杠，此动作重复5次，跳下跑回起点，和第二个人击掌后，站在队尾休息。第二名学生按照上一名学生的方式进行，所有成员先完成的小组获胜。

游戏图示：

游戏规则：

（1）先快速跑上肋木，然后双手横握横杆，身体悬垂。

（2）5次收腹举腿后方可跑回起点。

注意事项：收腹举腿次数要根据学生的实际情况而定，同时要注意安全。

第三节　耐力类

1. 钻跳跨栏

游戏目的：锻炼学生的耐力。

游戏准备：

（1）操场上每隔6~8米立一个栏架，高、低栏架随机摆放，选取两条跑道摆放好。

（2）终点线标志杆一根。

游戏方法：每个学生从起点开始出发，钻过每一个高栏架，跳跃过低栏架，到达100米终点时绕过标志杆。然后从另一个跑道以同样的方法跑回起点。

游戏图示：

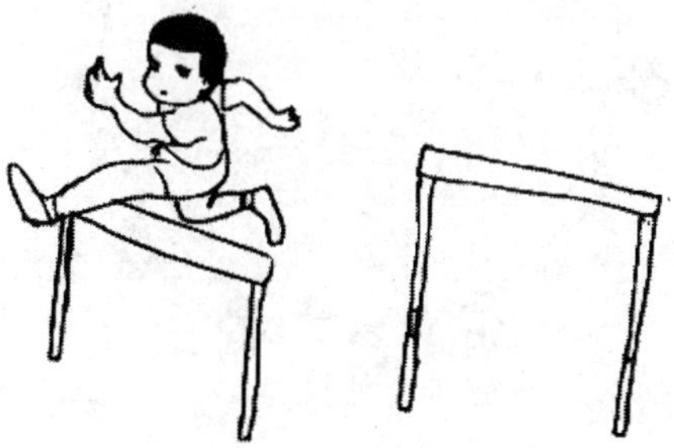

游戏规则：

（1）不许抢跑，抢跑者需返回重新起跑。

（2）不得用手推倒栏架，如推倒，必须扶起来重新跨。在跨栏时碰倒栏架则不算犯规，但返回时必须将碰倒的栏架扶起。

注意事项：栏架高度合适，低栏要设置在30厘米左右，以免摔伤。

2. 圆形曲线跑

游戏目的：提高学生的奔跑耐力。

游戏准备：平坦场地一块。

游戏方法：

（1）将学生分成人数相等的甲乙两组，两组学生围成一个圆圈，每组两人之间间隔另一组的人站立。一方作为障碍物，另一方进行曲线跑。根据规定的圈数和要求，进行练习，最先全部跑回原位置的组获得胜利。

（2）甲乙两组要不断变化身份，每组的学生都有机会练习，具体的奔跑方式、跑的圈数可以根据时间和其他情况决定。

游戏图示：

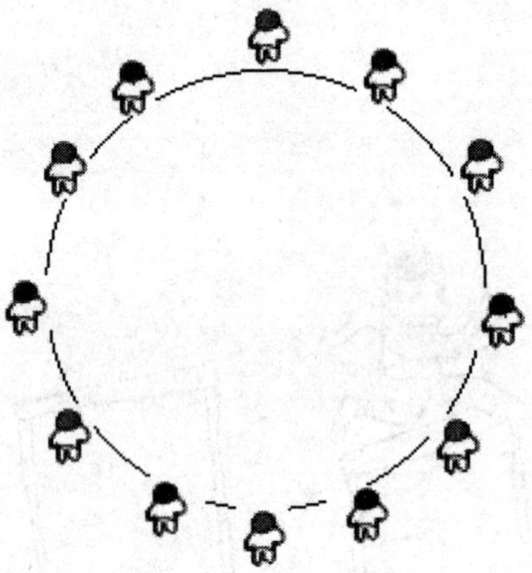

游戏规则：

（1）扮演障碍物的学生要站在圆圈上。

（2）曲线奔跑的学生要按照规定奔跑。

注意事项：教师可根据实际情况用笛声做起跑、变向、急停等信号。但笛声不可变化太多，以免混淆。

3. 负重折返跑

游戏目的：发展学生的意志力和力量耐力。

游戏准备：一块空地，画两条平行线，间距50米，分别作为起点线和终点线，若干实心球。

游戏方法：

（1）将学生分成人数均等的4组，成4路纵队在起点线后站立准备。

（2）游戏开始，每组排头加速跑到终点线，拿起放在终点线上的两个实心球托在手中跑回起点位置，给下一位同学。接到球的同学持球再次跑到终点线，放下球加速跑回起点线。依次重复进行，先完成的组为胜方。

游戏图示：

游戏规则：

（1）每组先按照顺序排好，排头等响哨后加速奔跑，然后将放好的球加速托起跑回。

（2）放球的同学必须把球放稳再跑回。

注意事项：

（1）实心球不宜过重。

（2）合理锻炼耐力即可。

4. 迎面障碍跑

游戏目的： 强化学生的速度和耐力，提升学生身体的灵敏水平。

游戏准备： 垫子两块，栏架两个，跳绳两根。在场地上画一条起点线，在距线10米的地方放置两块垫子，在距线20米处放置两个栏架，在距线25米的地方画两个圆，直径为1米。圆内各放一根跳绳。

游戏方法：

（1）将学生分成人数相同的两个小组，成纵队站在起点线后。

（2）教师发出指令，甲组排头跑向垫子，按照跳远的方式，越过垫子，跑到栏架的地方，从上面跳过，到圆圈中跳绳，跳5个后，将绳子放回原地，跑到起点，和第二人击掌，站在队伍后面休息。第二人继续游戏，先完成的小组获胜。

游戏图示：

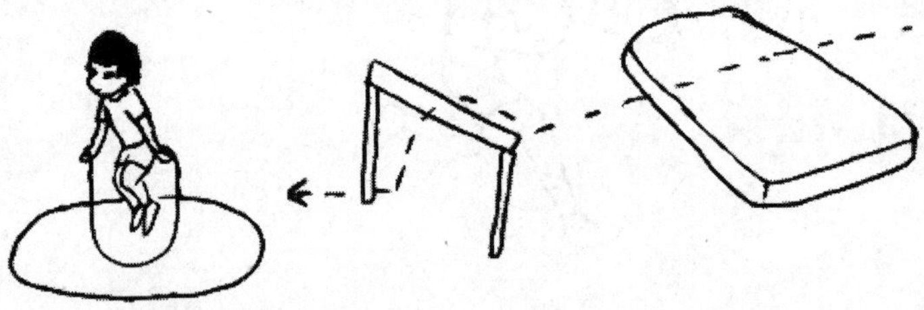

游戏规则：

（1）跨栏架时如碰倒栏架必须扶起，跳绳时必须在圈内，必须在规定地方做规定动作。

（2）每一个障碍都要严格按要求越过才算完成。

注意事项： 可设置多种多样的障碍，如矮墙、铁丝网、独木桥等，也可根据需要设置。

5. 双人行进间传接球

游戏目的：熟悉传球技巧，提高跑动耐力。

游戏准备：篮球场一块，篮球若干。

游戏方法：学生两人一组，从篮球场一侧底线横向相对传接球向另一侧底线跑，到达另一侧底线后，绕过球筐后按原方式返回。

游戏图示：

游戏规则：按照规定进行传接球，中途掉球捡起来继续进行。

注意事项：

（1）跑动速度要适宜。

（2）不可以抱球跑，否则犯规，避免走步现象。

6. 背人过障碍

游戏目的：锻炼学生的合作能力，提高学生的力量和耐力。

游戏准备：标志杆若干。

游戏方法：

（1）两人一组，一人背着另一人绕过标志杆。

（2）标志杆每隔3米摆放一个，起点离终点30米。

（3）到达终点后从另一侧绕回，两人交换背。

游戏图示：

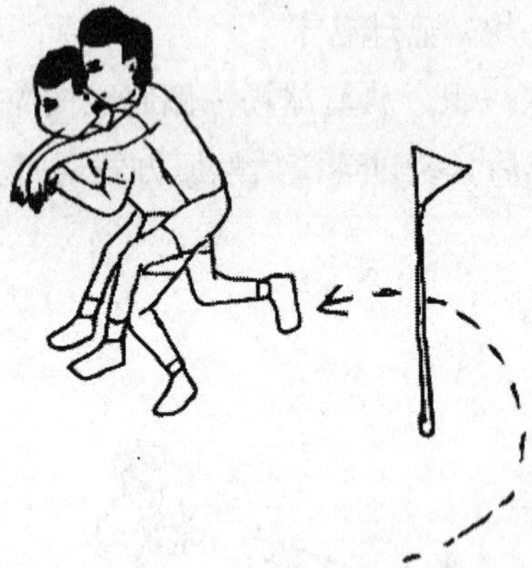

游戏规则：背人过障碍，中间不能放下。

注意事项：此游戏不进行比赛，避免学生因为着急而摔倒受伤。

7. 背人接力

游戏目的：发展学生的力量和耐力，培养学生吃苦耐劳的顽强精神。

游戏准备：画两条相距15米的平行线，一条为起跑线，一条为终点线。在终点线上插两面小红旗。

游戏方法：

（1）将学生分成人数相等且为偶数的甲乙两队，各队“1、2”报数，两人一组分别站在起跑线后。各队第一组的学生，单数者背起双数者，面向小红旗做好准备。

（2）教师发令后，单数者迅速把双数者背到终点，然后要绕过小红旗，换由双数者背单数者，背回起点，拍本队第二组学生的手后，站到本队排尾。第二组学生再以同法进行游戏。依此类推，以先完成的队为胜方。

游戏图示：

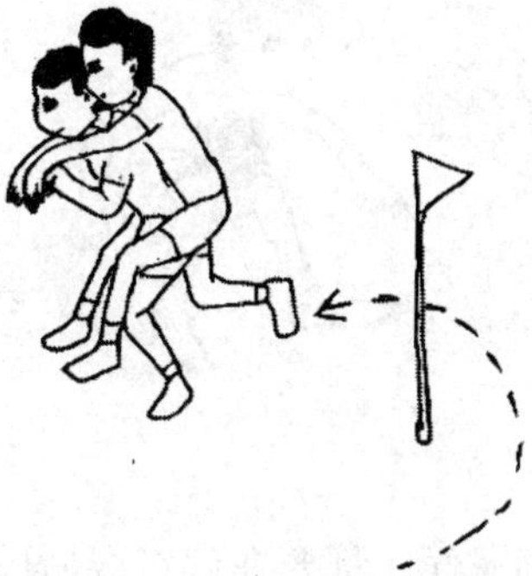

游戏规则： 按顺序进行背人跑，中途不能放下。

注意事项： 教师对学生的耐力和奔跑能力进行评价。

8. 矮人赛跑

游戏目的： 锻炼学生的下肢力量。

游戏准备： 实心球两个。在场地上画两条平行线，相距10米。

游戏方法：

（1）将学生分成人数相等的两个小组，小组内再分成甲乙两组，以面对面的形式成纵队站在两条线后面。

（2）甲组排头身体半蹲，用腿和胸将实心球夹住，然后手放开球。教师发出指令后，甲组排头夹住球跑到乙组排头，将球传给对方，到乙组末尾休息。乙组排头继续游戏，一直到甲乙两组学生都进行完游戏，先完成的小组获胜。

游戏图示：

游戏规则：

（1）起跑和换球的时候，都要在起点线后面进行，不得踩线。

（2）跑的过程中，手不能接触球，球落地后，在原地将球夹好后才能前行。

注意事项：

（1）跑的过程中，可以选择曲线跑的方式，增加游戏挑战性。

（2）甲乙两组之间的距离，教师可以根据学生的身体水平进行灵活调整。实心球太重的话，可以选择篮球或者排球。

第四节　灵敏类

1. 拉网捕鱼

游戏目的：培养学生协同一致的意识，发展学生的身体灵活性。

游戏准备：长方形场地一块。

游戏方法：

（1）从学生中选出2~3人手拉手做网，其他学生做鱼，分散在场内。

（2）游戏开始时，由组成“网”的学生去围捕“鱼”。被围住者便成为“网”，手拉手围捕其他的“鱼”，直到把全部“鱼”捕完，游戏结束。

游戏图示：

游戏规则：

（1）做鱼的学生不能跑出场外。

（2）“鱼”被围住就算被捉，“鱼”不可冲破“网”。

（3）“网”不能自行破裂，如破裂则“鱼”能自由出入。

注意事项：

（1）游戏区面积要开阔，避免学生受伤。

（2）注意控制时间。

2. 地滚球比赛

游戏目的：发展学生的灵敏素质，培养学生的团队意识。

游戏准备：排球场一块，排球一个。

游戏方法：

（1）将学生分成人数相等的两队，每队5~7名队员，设置1名守门员。整个排球场底线为球门，学生必须以单手推动的方式移动排球。

（2）队员之间相互传接。抢球时不可以双手争抢，允许击打球。双方运动员射门时，必须通过一次击打球进行射门。

（3）如果出现打手犯规或脚踢球的情况，原地进行任意球处理。球出边线后，就近在边线发球。

游戏图示：

游戏规则：

（1）参照足球比赛规则。

（2）犯规有罚球和发球。

注意事项：

（1）讲明游戏规则，让学生轻松融入比赛。

（2）比赛中判罚尺度可以尽量放松，以提高兴趣为主。

3. 贴膏药

游戏目的：发展学生的拼搏精神，锻炼学生的奔跑能力和灵活性。

游戏准备：一块空旷的操场。

游戏方法：

（1）男、女生各一组，围成一个圈，每组选两个同学出来，一个跑，一个追。

（2）被追的同学可以随时贴在圆圈上任意一个同学的前面，被贴的同学继续跑，追人的同学继续追，若是反贴（贴在圈上同学的后面），则被贴的同学反追刚才追人的同学。

游戏图示：

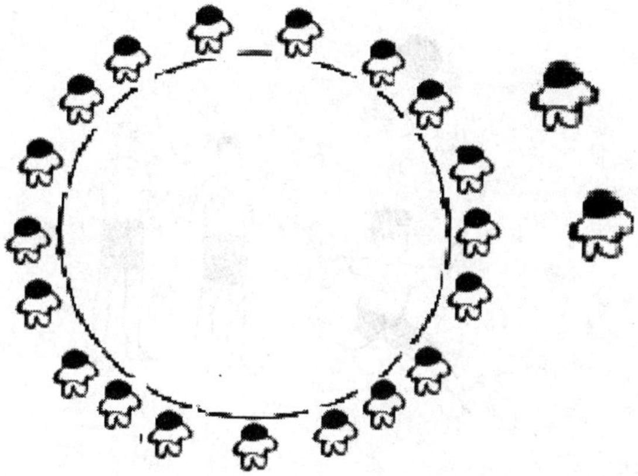

游戏规则：不得跑出既定区域。

注意事项：注意正、反贴的技术运用。

4. 球下穿越接力

游戏目的：发展学生的灵敏素质。

游戏准备：两个排球。

游戏方法：

（1）将学生分成人数相等的两队，成纵队站立。

（2）两队排头原地运球，球弹起的水平高度高于肩膀。队伍中的同学从前往后依次穿越球，然后从旁边站到队尾位置。直至一支队伍全部完成任务，先完成的队伍为胜方。

游戏图示：

游戏规则：

（1）运球的高度不宜过高或过低，主要是练习灵敏素质。

（2）穿越球时如果碰到球，应该等该队员捡回球后重新开始进行。

注意事项：

（1）比赛为显公平，应把学生实力分得均等。

（2）注意男女均分。

5. 围圈抢球

游戏目的：提高学生控球的能力以及步法的协调性和灵敏性。

游戏准备：场地一块，在场地上画3个直径为8米的圆圈，足球3个。

游戏方法：

（1）将学生分为人数均等的3组，每个圆圈分一组学生，学生按2米左右的间隔沿圆周线站好，每组选出一名学生站在圆心。

（2）游戏开始，站在圆周线上的学生开始传球，将球传给除圆心处的同学以外的其他任意一名同学，并使球在由自己传给别人之前不被圆心处的同学触及。

（3）此时，圆心处的同学开始在圆圈范围内截击球，直到将球截住或对方失误，才由失误队员替换自己，继续进行游戏。

游戏图示：

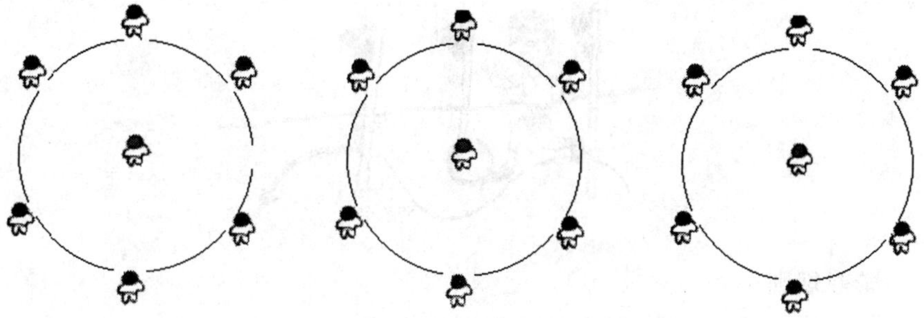

游戏规则：

（1）站在圆圈上的同学不能跑出过远，否则按犯规处罚。

（2）抢球的同学不能不抢，否则会影响游戏进程。

注意事项：

（1）场地大小要合适，不可过大或者过小。

（2）学生不可擅自扩大游戏的区域。

6. 脚踢球过障碍跑

游戏目的：提高学生的控球能力及灵敏性。

游戏准备：场地一块，足球若干个，标志物若干个。

游戏方法：

（1）将学生分为人数均等的若干队，每队排头队员脚控一个足球。每队间隔3米，每队前沿直线方向放置间距为1.5米的标志物8~10个。

（2）教师发令后，每队排头队员以左、右脚的先后顺序控球，依次绕过各个标志物前进，当绕过最后一个标志物后，沿原路线控球依次绕过标志物返回，将球交给下一位队员。依此类推，直至游戏结束，率先完成的一队获胜。

游戏图示：

游戏规则：

（1）按照标志物的顺序依次绕过标志物。

（2）中途球丢了要捡回球后原地重新开始。

注意事项：要按顺序依次绕过标志物，不能偷工减料。

7. 指鼻子

游戏目的：发展学生的灵敏性。

游戏准备：一块平坦场地。

游戏方法：

（1）选一人为追者，其余人为逃者。

（2）教师发出指令，逃者在区域中自由奔跑，追者在区域中追击。逃者可以单腿站立，用一只手的食指指着自己鼻子，这时追者不能再对其追击。被追到的逃者，便和追者身份互换。

游戏图示：

游戏规则：

（1）响哨后方可开始游戏。

（2）逃者不能频繁或者过早地使用脱险动作（指鼻子），追者对某个逃者追击的时间不得超过10秒。

注意事项：此游戏运动量较大，时间不宜过长。

8. 圆圈追抓

游戏目的：锻炼学生的快速反应能力和协调性，提高奔跑能力。

游戏准备：在平整的地上画若干直径为5~10米的圆圈。

游戏方法：

（1）学生两人一组，称为甲、乙，两人沿着圆圈向同一方向慢跑，注意力应高度集中。

（2）教师喊“1”的时候，乙马上向前跑，甲在后面追击乙。教师喊“2”的时候，则反过来追击，两人都转过身体奔跑。教师喊“3”的时候，两人身体方向不变，沿着圆圈慢跑。

（3）跑的时候两个学生之间保持一定距离，被抓到次数少的一方获胜。

游戏图示：

游戏规则：

（1）必须在圆圈上追抓，偏离圆圈1米即算被抓到一次。

（2）触到身体任何部位即算抓到。

注意事项：

（1）做好准备活动。

（2）不要推或撞被抓学生。

（3）组织者应站在圆圈中心位置，喊口令应响亮，短促有力，以便学生听到。

（4）可根据实际情况确定圆圈的大小和同一圆圈上的组数。

9. 传球接龙

游戏目的：提高学生传、接球的准确性与灵敏性。

游戏准备：篮球若干个。

游戏方法：

（1）将学生分成人数相等且为偶数的若干队（每队8~12人为宜），每队学生成纵队保持适当间隔站立，各队排头学生手持一球。

（2）教师发令后，排头队员按规定的传球方法按顺序传球。当球传到最后一名队员手中时，该队员立即抱球跑到排头队员的前面将球接着传递下去。依此类推。最后，以最初的排头队员抱球跑至排头为止，先完成的队为胜方。

游戏图示：

游戏规则：

（1）必须按规定的方法传球，传球的顺序和路线不得变更。

（2）传球失误时，必须将球拾起并跑回失误处，方能继续传球。

注意事项：

（1）此游戏的传球方法、距离，可根据实际情况变换。

（2）此游戏也可改用其他球进行传球游戏。

10. 隔网传球接力

游戏目的：提高学生的排球传球技术和反应能力。

游戏准备：排球场地一块，排球一个。在排球场的两个半场内，离中线1米处，各画一个直径4米的圆圈。

游戏方法：

（1）将学生分成人数相等的两队，成横队分别站在两个半场的圆圈后。

（2）游戏开始，各队派一个人到圈内隔网传球，传球时，采用排球技术中的传球（也可采用垫、吊、扣球等）方法。每人传球一次后，立即跑出圈，站到本队的排尾，下一个人立即进圈接对方回传的球，直至传球失误。一队失误，另一队得1分，10分为1局，三局两胜。

游戏图示：

游戏规则：

（1）必须用排球传、垫、扣技术击球。

（2）每人击球后立即跑出圈外，站到队伍末尾，下一个同学继续进行。

（3）球必须传入圈内，如估计对方传来的球会出圈，可以不接，如果落在圈外，算接球一方得分；如估计错误，球落入圈内，则为对方得分。

（4）持球、用手抛球、连击等均算失误。

注意事项：可以先进行传球练习，熟练后再开始游戏。

第五节　协调类

1. 足抛手接实心球

游戏目的：发展学生踝关节的力量与协调性，提高弹跳力。

游戏准备：实心球若干。

游戏方法：学生每人一球。游戏开始，学生迅速用两脚夹住球，然后屈膝跳起抛球，双手接住，然后再将球放下。2分钟内抛接次数多者获胜。

游戏图示：

游戏规则： 双脚夹球抛起后接住为合格一次，否则不计数。

注意事项：

（1）控制时间和负荷量。

（2）实心球不宜过重。

2. 蹲踞式背部夹球接力

游戏目的： 提高学生的身体协调性及其上课的积极性。

游戏准备： 场地一个，篮球若干个，标志物若干个。在场地上画两条相距15米的平行线，目的地端线上放置标志物（标志物的数量以分组数而定）。

游戏方法：

（1）教师将学生分为人数均等的若干组，每组学生又以两人一组分为若干小组并依次排好，每小组的两名学生背向而立，两手反向相扣，于背部夹一球。

（2）游戏开始，两名学生侧向目的地端线快速移动前进。到达目的地端线后绕过标志物返回，并将球交给下一小组的两名同学。依此类推，直至游戏结束。率先完成游戏的一组获胜。

游戏图示：

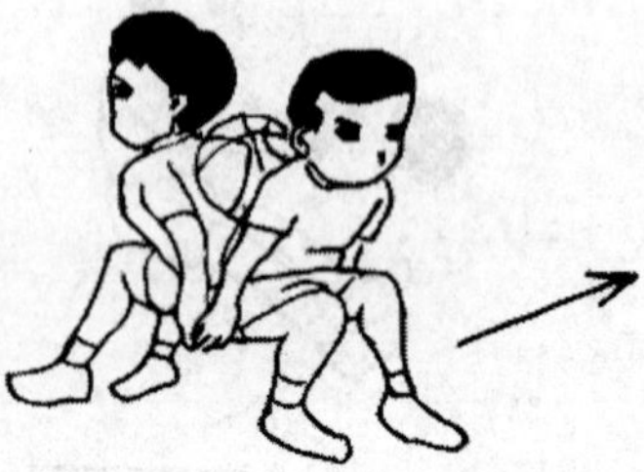

游戏规则：

（1）游戏时球掉下要捡起来重新开始。

（2）比赛中不得站立行进。

注意事项：按照身高、体重等因素分组练习。

3. 网球足球赛

游戏目的：

（1）提高学生的控球能力及身体灵敏性。

（2）培养学生的团体合作精神。

游戏准备：场地一块，球网若干副，足球若干个。

游戏方法：

（1）将场地分为大小均等的若干小块，每一小块场地配一副球网，网高为1.2米，并将学生分为人数均等的若干小组，每两个对垒小组分一副球网、一个足球。

（2）游戏开始，两对垒小组的队员以除手以外的其他任何部位控球并将球击向对方场地。球不能落地，落地则罚一分。失分少的一组为胜方。

游戏图示：

游戏规则：

（1）每组每次将球击至对方场地前在本方场地内控球不能超过5次，违例则判失误，罚1分。

（2）若将球击出界外，则判为失误，并罚1分。

注意事项：比赛规则要宽松，不宜过于严格。

4. 抢圈追拍

游戏目的：发展学生的速度和反应能力。

游戏准备：在场地上画一条起点线，在起点线前2米处画一个10米×25米的长方形，作为追拍区，再在追拍区前3米处画3个直径为1米的圆圈。

游戏方法：

（1）将学生分成人数相等的4队，分别排成一路纵队。

（2）游戏开始，各队第一人站在起点线后预备。教师发令后，各队第一人迅速向前跑去，抢占圆圈，未抢到者为追者退回追拍区。然后占圈的三人争取通过追拍区返回队伍。如果追者未拍到任何一人，那么占圈者分别为本队得1分，而追者倒扣1分；如果有人被拍到，则被拍到者无分，追者拍到几人得几分，其余未被拍到者各得1分。其他人依次进行，以得分多的队为胜方。

游戏图示：

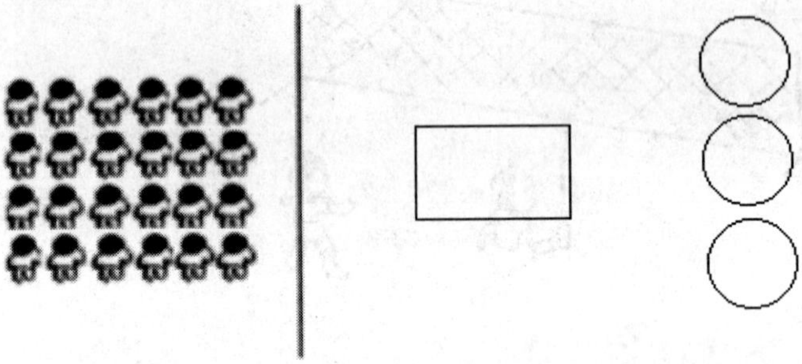

游戏规则：

（1）追拍过程中不能跑出追拍区。

（2）追者不得推打和绊摔对方。

注意事项：游戏规则较为复杂，教师可提前布置场地并介绍游戏事项。

5. 双人跳绳跑

游戏目的：提升学生的合作能力和跳跃能力。

游戏准备：两根长度为2.5米的跳绳，在平坦的场地上画两条平行线，距离为15米，分别是起跑线和折返线。

游戏方法：

（1）将学生分成两组，每组人数为偶数且相等，每组成两路纵队站在起点线后，横排的两人为一小组。排头两人分别握住跳绳的两个绳柄，绳子荡在身后做好准备。

（2）教师发出指令，两人一起用一根跳绳一边跳一边向折返线靠近，等脚碰到折返线后，转身，两人继续以合作跳绳的方式回到队伍中，将跳绳给下一小组的学生，到队尾休息。第二小组学生接过跳绳，也按照这样的方法完成游戏。直至整组都完成，完成时间短的组获胜。

游戏图示：

游戏规则：

（1）要按照跳绳的方式前进，不能不跳一直跑。

（2）中途失误的时候，两人在原地，要重新一边摇绳一边跳跃前进。

（3）两人的脚都碰到折返线的时候，才能折回。

注意事项：游戏进行时要选取平整的空地，防止意外摔伤。

6. 双手运球接力

游戏目的：强化学生的运球技术，提高学生控制球的能力与协调能力。

游戏准备：篮球场地一块，篮球4个。

游戏方法：

（1）将学生分成两个小组，每个小组人数相同，以纵队的方式站在端线两边，排头的学生手拿两个球。

（2）教师发出指令，排头一手一个球，一边运球一边跑向另一端线，将球放下，跑回，和第二个人击掌后到队尾休息。第二个人跑到另一端线，拿起球，一手一个，一边运球一边折回，将球交给第三个人。第三个人按照第一个人的方式进行游戏。依此类推，所有成员最先完成的小组获胜。

游戏图示：

游戏规则：比赛时必须双手同时运球，球运丢了要原地重新开始运球行进。

注意事项：

（1）人数以8~10人一组为宜。

（2）教学时间以8~10分钟为宜。

7. 钻双杠跑

游戏目的：

（1）发展学生的协调性。

（2）发展学生的躲避障碍能力和钻跑能力。

游戏准备：两副双杠。

游戏方法：

（1）将学生分成人数相等的两队，各成一路纵队面对双杠一端站立。

（2）组织者发令后，各队学生依次沿箭头方向，向双杠下钻跑，然后回到起跑线。以最后一名学生跑过起跑线为止，先完成的队为胜方。

游戏图示：

游戏规则：

（1）学生依次沿箭头方向钻双杠，不准越过他人，不准并排。

（2）每个学生都必须按照箭头方向钻跑，否则回到队尾重做。

注意事项：

（1）可改变钻跑的路线或规定钻的次数。

（2）注意在钻跑过程中头不要碰到双杠。

8. 俯卧撑加前滚翻接力

游戏目的：培养学生的协调性，发展学生的支撑力量。

游戏准备：体操垫若干。

游戏方法：

（1）将学生分成人数相等的若干队，10~12人一队为宜，成纵队站在体操垫一侧端线后。排头队员双手置于端线成俯撑准备姿势。

（2）教师发令后，排头双手交替爬行至第一标志线，然后改为连续前滚翻至第二标志线，然后继续爬行至端线，当手触及端线后，下一队员方可出发。以最后一名队员爬行手臂触及端线的先后判定名次。

游戏图示：

游戏规则：开始时严格按照俯撑姿势预备，双手交替爬行。

注意事项：

（1）可在两腿间夹一球进行游戏，增加趣味性。

（2）往返接力时，可变前滚翻为后滚翻进行，或变双手爬行为双手推跳前进。

小结

水平五阶段的学生，在身体形态上，如身高、体重、胸围等已接近成人。体重和各器官的生长发育逐渐减慢。骨已基本骨化，骨组织中的有机质和水分减少，无机盐增多，骨骼更强壮，能承受较大的运动负荷，但关节的柔韧性不如儿童和青少年。在功能方面，心肺耐力显著增加，但动脉血管的生长滞后于心脏，心脏增大与血管发育的不平衡，是青春性高血压的主要原因。随着胸围和胸腔的增大，肺活量也随之增大。肌肉中水分减少，蛋白质、无机盐等成分增加，肌肉主要向水平方向发展，弹性和伸展性增加，力量明显增强。该阶段学生的神经系统已得到充分发育，大脑结构和功能已达到成人水平，兴奋和抑制过程基本平衡，第二信号系统起主要调节作用。该阶段学生的性功能发育基本成熟。由于性激素的刺激，女生皮下脂肪、内分泌发育迅速，不仅乳房隆起，而且臀部开始发育，体重下降，男生的体型趋于均衡丰满，在姿势上显示出显著的性别差异。该阶段学生对性比较敏感，在心理上称为青春期。

水平五阶段相当于高中1~3年级，这一阶段学生的年龄为17~19岁。由于该阶段学生身心发展的独特性，体育游戏应以学生为主体，教师应创造宽松、和谐、愉悦的游戏环境和氛围，按照难度系数分层分组，充分调动学生的学习积极性，同时注意个体差异和游戏的不同要求，使学生能够发挥出个性特长，满足不同学生心理的个性化需求。教师要试着让学生学会合作完成游戏，让游戏更具有意义，培养学生乐观、自信、勇于拼搏、善于观察、善于沟通的良好心理素质和社会适应能力，促进学生的全面发展。

本章的速度类、力量类、耐力类、灵敏类、协调类的体育游戏，通过改编适合高中体育教学内容，这些游戏有效地调节了学生的情感意志和行为。体育游戏应该与学生的智力发展、体育知识的学习、精神的放松等结合在一起，而不单单为了游戏而游戏。体育游戏要服务于体育，服务于学生各方面的发展。对于高中生而言，要发挥体育游戏在培养学生良好品质、锻炼学生坚强意志、促进学生良好人际关系形成等方面的作用。

第九章　大学1~4年级（水平六）体育游戏

第一节　速度类

1. 运水接力赛

游戏目的：发展学生在负重情况下快速运动的能力。

游戏准备：平整场地一块，装有半桶多水的水桶4个。

游戏方法：

（1）全班同学分成人数相等的两组，两组的第一个同学提两桶水站在起跑线后。

（2）听到“开始”口令后，两组的第一个同学跑到终点返回，然后将两桶水交接给第二个同学，第二个同学提两桶水向前跑。依次进行，直至最后一名同学完成，先完成的组为胜方。

游戏图示：

游戏规则：

（1）听裁判口令，不得抢跑，两组所有人做完即结束。

（2）运水过程中，不得将水洒出来，否则重新开始。

注意事项：跑的过程中，注意安全，避免摔倒。

2. 橄榄球

游戏目的：发展学生的快速应变能力和奔跑能力。

游戏准备：半个足球场地，足球一个。

游戏方法：

（1）全班同学分成人数均等的两队，以半个足球场地的中线将半个足球场地分成两个半场，以足球场地的底线和边界为界线。把足球放在中线上，双方队员站在中线两边，每个队伍出来一人分别站在离球3米远处，其余人站在后面。

（2）听到“开始”口令后，离球3米远的两人去争抢球，先抱住球的一方，跟自己队友配合，攻破对方防线，直至抱球越过对方底线为胜利。双方要不断地抢球，注意防守。

游戏图示：

游戏规则：

（1）参照实际橄榄球的规则，抱球攻的一方不能拍球，只能抱球走和传球。

（2）抢球一方不能冲人去，要不断地拦截对方的持球人和传球线路。

注意事项：在争抢过程中要注意安全，做好积极的防护措施。

3. 同心协力

游戏目的：发展学生的速度素质以及团队积极配合能力。

游戏准备：排球若干，平整场地一块。

游戏方法：

（1）将学生分成两个小组，每个小组人数相同，每组各人双膝夹住一只排球站成纵队，后一人双手搭在前一人的肩上，排头双手叉腰。

（2）教师发出指令，游戏开始，每个小组同心协力从起点跳跃前进并喊口令“1、2，1、2……”到折返线的时候，全体折返，后一人左手搭住前一人的右肩，右手持球，排头左手叉腰，右手持球，大家一起喊有节奏的口令，运球返回。

游戏图示：

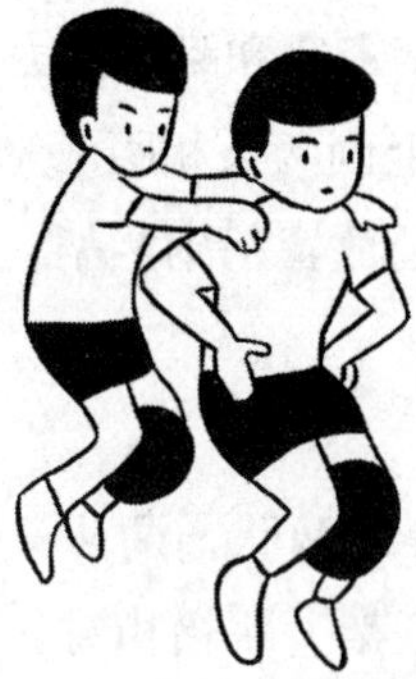

游戏规则：双膝夹紧球，不能掉球，队伍不能断开，手要放在前一人肩上。如果中途掉球或队伍断开，则要重新开始，直至成功。

注意事项：学生相互之间要配合默契，团结一致，按照规则进行游戏。

4. 三人四足

游戏目的：锻炼集体行进速度，锻炼队员之间的配合能力。

游戏准备：一片空旷的大场地，绳子或布若干。

游戏方法：学生3人一组，排成一横排，相邻的人把腿系在一起，手搭在相邻的人的肩膀上，一起跑向终点。

游戏图示：

游戏规则：用时最短的组获胜。

注意事项：队员之间要配合好，步调一致，以防摔倒受伤。

5. 越障碍接力跑

游戏目的：发展学生的速度素质和跳跃能力。

游戏准备：在平坦的场地上画两条相距50米的平行线，一条为起点线，一条为终点线。在起点线20米处放置两副栏架，在栏架前10米处放置两副跳箱。

游戏方法：

（1）将学生分成人数相等的两队，两队又分成甲乙两组，各成纵队站在平行线后，甲乙两组分别与栏架、跳箱相对。

（2）游戏开始，甲组排头先蛙跳10米，再向前跑，跨过栏架，再向前跑，跳过跳箱之后跑向本队乙组，拍乙组排头的手掌，然后站到乙组队尾。乙组排头先蛙跳10米，后向前跑，跳过跳箱和栏架，跑向甲组。如此依次进行，每人轮流，最先全部跑完的队为胜方。

游戏图示：

游戏规则：不得抢跑，必须从栏架和跳箱上面跳过。

注意事项：此游戏要认真按照相关的方法和规则进行，学生在跳栏架和跳箱时注意安全。

6. 你抓我救

游戏目的：发展学生的速度素质和灵敏素质。

游戏准备：选择一块正方形且平坦的场地，场地边长约为20米。在场地的一个角落画一个直径为1.5米的圆，作为禁区。

游戏方法：

（1）将三分之一的学生指定为追逐者，剩余学生是被追逐者。

（2）教师发出指令，游戏开始，追逐者追赶被追逐者，促使其进入禁区。进入禁区的被追逐者要在里面等待。没有被追赶到禁区的被追逐者，可以“营救”里面的人，只要拍到其身体，则意味着“营救”成功。

游戏图示：

游戏规则：追逐者只需要用手拍到被追逐者，便属于抓到，被追逐者就要到禁区中等待。

注意事项：遵守游戏规则，注意安全。

7. 不倒森林

游戏目的：发展学生的速度素质。

游戏准备：平地一块，竹竿若干。

游戏方法：

（1）将学生分成人数相等的若干小组，然后每个小组学生围成圆圈，每个人手里拿着一根竹竿，彼此之间距离保持在1米左右。

（2）教师发出指令，游戏开始，所有学生松开竹竿以顺时针方向奔跑，然后抓住前面的竹竿，竹竿不得移动，只能扶正。规定时间里转圈最多的小组获胜。

游戏图示：

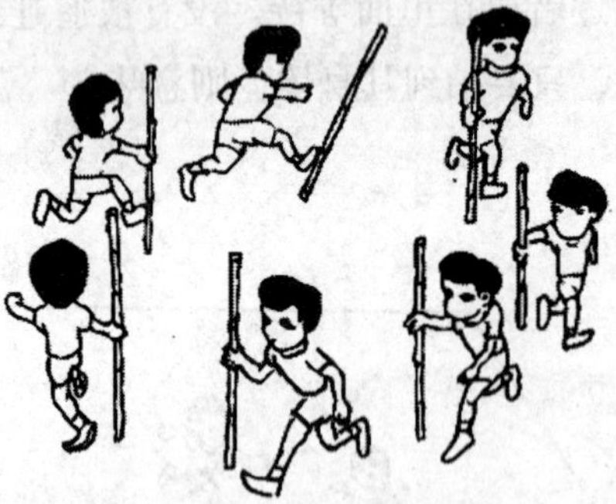

游戏规则：转的圈数，要以一个人所转的圈数为准，倒一次竹竿，就减去一圈。

注意事项：临时不参加的同学离开游戏场地一定距离，以免影响游戏的正常进行或被竹竿伤到；竹竿表面要光滑。

8. 传球比快

游戏目的：提高学生传、接球的速度和准确性，加强合作能力。

游戏准备：篮球或排球若干个。

游戏方法：

（1）将学生分成若干小组，每个小组人数相同，成纵队站立，每个小组排头手拿篮球。

（2）教师发出指令，排头往后依次传球，球到排尾手上后再向前传，直至球回到排头手上。整个过程用时最短的小组获胜。

游戏图示：

游戏规则：

（1）按照规定方式传球。

（2）传球过程中若球掉落，则要将球捡回，在失误的地方重新开始。

注意事项：严格按照要求的传球方式进行，注意安全，防止损伤。

9. 套呼啦圈

游戏目的：发展学生的速度素质，提高灵活性和准确性。

游戏准备：呼啦圈8个。在场地上画相距20米的两条线，作为起跑线和终点线，在起跑线5米、10米、15米、20米处，各并排放两个呼啦圈。

游戏方法：

（1）将学生分成人数相等的两组，在起跑线前成纵队站好。

（2）教师发出“开始”命令后，排头同学往前跑到呼啦圈中央，把呼啦圈从下肢往上套出，然后放回原位，依次套过4个，再迅速跑回，与第二个同学击掌，第二个同学开始，直到全部同学完成。先完成的组为胜方。

游戏图示：

游戏规则：

（1）每位同学必须要4个呼啦圈全从身上套过，完成呼啦圈动作后，呼啦圈必须放回原位。

（2）下一位同学必须与上一位同学击掌后再跑。

注意事项：套呼啦圈过程中注意安全。

10. 拍手追人

游戏目的：发展学生的速度素质和快速反应能力，培养学生的团结协作意识。

游戏准备：在平坦的场地上画一条起跑线，起跑线前10米处，并排画出3个直径为2米的圆圈，间隔2米，中间是收容圈，剩余是安全圈。

游戏方法：

（1）将学生分成人数相同的甲乙两组，两组以横队的方式站在起跑线后。

（2）教师发出指令，甲组先选出一名挑战者，乙组全员向前伸出左手站在线后。甲组挑战者走到乙组前，任意拍一名乙组成员的手后，迅速跑向安全圈（可以任意向两个安全圈跑），乙组被拍手的成员立即追赶挑战者。如果在跑进安全圈之前拍击到挑战者，则挑战者要站到中间收容圈内，乙组追赶者归队继续游戏；如果挑战者已到达安全圈内，乙组追赶者则应站到中间收容圈内，挑战者归队继续游戏。

（3）甲组所有成员都挑战一次后，核算收容圈中甲乙两组具体人数。然后乙组进行挑战，挑战完毕后，再统计收容圈中两组的人数，人数少的一方获胜。

游戏图示：

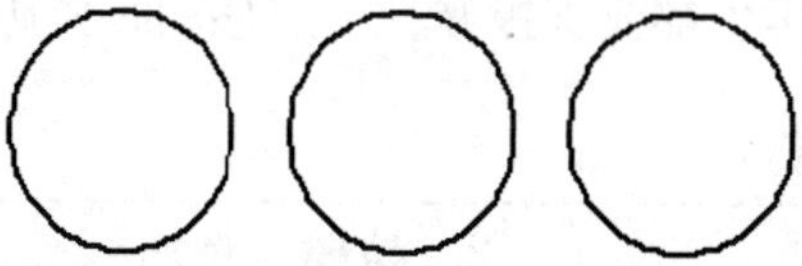

游戏规则：

（1）被挑战的学生，左手要向前伸直，两脚要并拢，站在起跑线后。

（2）在挑战过程中，被收容的人不得出圈参加游戏。

注意事项：追赶中注意安全，避免碰撞。

第二节　力量类

1. 接龙腾飞

游戏目的：发展学生的力量素质。

游戏准备：平整场地一块。

游戏方法：将学生分成人数相等的两组，每组所有学生纵向俯卧，前一人的双脚搭在后一人的双肩上，最后一人用双手拉住前一人的双脚踝，形成人体龙，用同步俯卧撑前移的方式前进，一起爬向终点。先到达终点的组为胜方。

游戏图示：

游戏规则：两队排成一条直线，不得散架，中途散架则要重新开始。

注意事项：每名学生都要支撑好，往前移动时要协调同步。

2. 拉棒

游戏目的：发展上肢力量。

游戏准备：短木棒若干。

游戏方法：

（1）两人相对而坐，腿伸直，脚顶脚，双手同握一根木棒。

（2）教师发令后，各自使劲往后拉，谁先把对方拉起来即为胜方。输的人背着赢的人折返跑20米。然后赢的人和赢的人比，依次进行，决出第一名。

游戏图示：

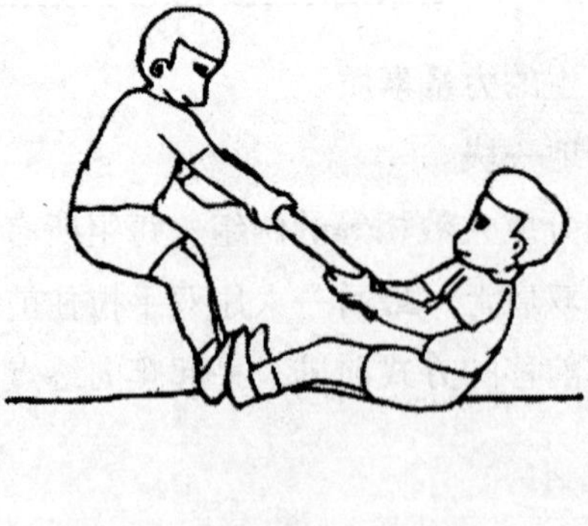

游戏规则：对拉的时候双腿不能屈，要伸直，被拉起的人臀部离地约20

厘米就算输。

注意事项：开始时不得抢先用力，等听到口令后一同用力。

3. 立卧撑跳

游戏目的：全面发展学生的身体力量及耐力，培养学生吃苦耐劳的意志品质。

游戏准备：空场地一块，在场地上画相距50厘米的两条平行线。

游戏方法：

（1）将学生编号分组，每组8人，分组比赛。第一组的8名学生先站在两条直线中间做准备。

（2）教师发出“预备”口令后，学生下蹲，成俯撑。教师发出“开始”口令时，学生两腿屈膝收至腋下，两脚并拢落地成蹲撑，两手推地站起，同时向上跳起，待两脚落地瞬间又成俯撑。多次重复，直至做到精疲力竭，全部做完后换下一组。以完成合格动作的次数排列名次。

游戏图示：

游戏规则：

（1）俯撑时两手要撑在两条直线内，否则为犯规。

（2）两腿屈膝成蹲撑后跳起，再从蹲撑开始两手撑地。

（3）跳起时脚必须离开地面，否则不计数。

（4）若感到疲劳，中途可进行短暂的站式或俯式休息。

（5）成绩相等，名次并列。

注意事项：

（1）此游戏不限时间，学生的排列密度不要太大，要匀速进行，并充分利用休息机会进行放松，以便提高耐力。

（2）两腿屈膝前收成蹲撑时，屈膝角越小收腿越快，同时便于两腿收于腹下，提高跳起速度。

4. 二人蹲跳换腿比赛

游戏目的：强化学生的腿部力量，提升学生的身体协调性。

游戏准备：平坦的场地一块。

游戏方法：

（1）学生两人一组面对面，手拉手，右腿下蹲，左腿向前伸直，做好准备。

（2）教师发出指令，两人以相同的节奏蹲跳换腿。先完成规定次数的组获胜。

游戏图示：

游戏规则：

（1）教师发出指令后才可进行，否则不算成绩。

（2）蹲跳换腿的时候，两人的腿发生碰撞，或者一起换腿，则也不计成绩。

（3）蹲跳中不能脱手，否则重新开始。

注意事项：游戏时，两人的手要互相握紧，两臂伸直，两人之间动作要协调好，避免碰撞或摔伤。

5. 矮人赛跑

游戏目的：发展学生的下肢力量，练习半蹲跑。

游戏准备：在场地上画两条相距15米的平行线，作为起跑线。厚纸片若干。

游戏方法：

（1）将学生分成人数相等的两队，队与队的间隔为3米，各队又分成甲乙两组，各成纵队相对站在两条起跑线后。

（2）教师发出指令，各队甲组排头成半蹲姿势，把厚纸片放在腿上，放开手，迅速跑向本队乙组处，把纸片给乙组排头后站到乙组队尾。乙组排头按照相同的方式奔跑。先做完的队获胜。

游戏图示：

游戏规则：

（1）不管是第一个人起跑，还是换人起跑，都要在起跑线之后。

（2）跑的过程中，手不能触摸纸片，纸片掉落的时候，要在原地捡起放好后才可前行。

注意事项：每位同学跑完后，利用空余时间进行小腿部放松，游戏中注意安全。

6. 你拉我拽

游戏目的：提高学生的对抗能力，增强手臂力量。

游戏准备：在场地上画两条横线，两线相距0.5米。

游戏方法：

（1）将学生分成人数相等的两队，分别成横队站在横线后。两队一对一用右手相握，并各以马步站立。

（2）教师下令后，双方用力拉或推迫使对方失去平衡，如一方有一脚离地就算失败。

游戏图示：

游戏规则：

（1）双方都失去平衡，判先失去平衡的人为失败。

（2）两脚不能越线，不能移动。

注意事项：男女分开进行，也可分组累计胜负数记名次。

第三节 耐力类

1. 连续砸篮板球接力

游戏目的：发展学生的耐力素质。

游戏准备：篮球两个，篮球场地一块。

游戏方法：

（1）全部同学分成两组，每组人数相等，在篮球场罚球区前排成一路纵队。

（2）游戏开始，排头运球向前几步，跳起砸篮板球，之后立即退下返回，然后到队尾休息。与此同时，第二人朝前跑出跳起，将球在空中接住，趁落地之前再砸篮板球，依次进行，直至失误。各组分别在两个篮架上同时做，哪组成功次数多，则哪组获得胜利。

游戏图示：

游戏规则：按照排好的顺序依次进行，中间球不能落地，落地重新开始计数。

注意事项：要掌握好起跳时机，砸板位置要适当，有利于下一名同学接住。

2. 气排球接力赛

游戏目的：发展学生的奔跑耐力。

游戏准备：气排球一个，平整场地一块。

游戏方法：

（1）全部同学围成一个大圈，直径大约10米，从一个同学开始报数，直至全部报完，每个同学记住自己报的号。

（2）教师在圆心把球抛起来，大约高6米。教师抛球的同时喊一名同学的号，被喊到的同学迅速跑到圆心把气排球垫起同样的高度，同时再喊随意一名同学的号。

游戏图示：

游戏规则：垫球的高度要适宜，不得连续重复喊某一号，要保持球不落地。

注意事项：学生反应要迅速，前一名同学尽可能地把球垫好，方便下一名同学把球垫起来。

3. 5人气排球

游戏目的：发展学生的耐力素质。

游戏准备：气排球若干，羽毛球场地2~4块。

游戏方法：

（1）学生5人一组，利用羽毛球场地，进行气排球比赛。

（2）5分钟后，记录每组得分数，然后交换对手，直至每组都遇到一次。最后统计每组的总得分数，得分最多的组为胜方。

游戏图示：

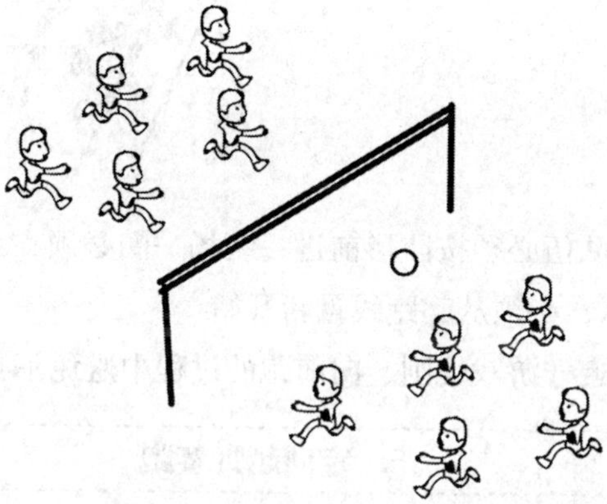

游戏规则：参照气排球比赛规则，场地边线依照羽毛球边线规则。

注意事项：每组传接球要配合默契，尽量减少失误。

4. 行进间接力跑

游戏目的：发展学生的耐力、速度和灵活性。

游戏准备：400米的田径场地一块。

游戏方法：

（1）将学生分成人数相等的两队，在起跑线后站好。听到发令后保持原队形绕田径场慢跑，队伍的最后一名队员甲过起跑线之后，迅速从右侧跑向队伍的前方去。

（2）此时排头伸出手准备与甲击掌，这时队伍最后一名队员重复甲的动作，然后甲在队前保持原队形继续慢跑，依次循环绕场两圈，替换次数多者为胜方。

游戏图示：

游戏规则：队伍必须按队形前进；绕场一圈必须在4~5分钟，低于4分钟或高于5分钟的队，必须从起跑线重新开始。

注意事项：遵守游戏规则，向前跑的过程中避免不必要的冲撞。

5. 定向越野赛跑

游戏目的：发展学生的耐力素质。

游戏准备：预先定好跑的线路。

游戏方法：

（1）将学生分成人数相等的两组，根据教师定好的线路，两组同时按照线路，从起点跑到终点。

（2）以每组最后一名同学到终点的时间为准，时间短的组获得胜利。

游戏图示：

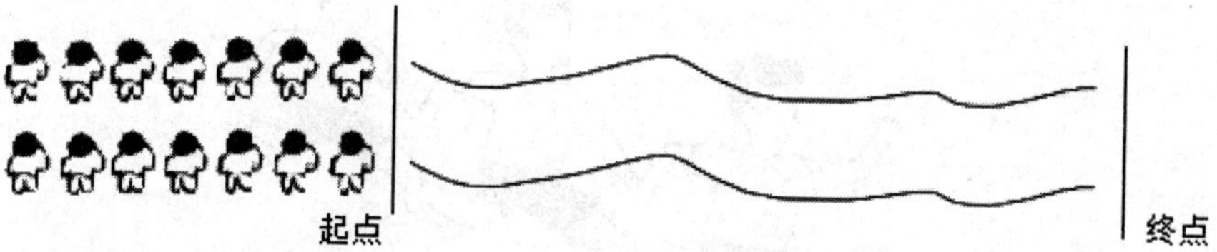

游戏规则：必须按照预先定好的线路跑，否则回到起点重新跑。

注意事项：活动强度相对较大，有身体不适的同学可提前申请进行别的项目。

6. 滚雪球

游戏目的：发展学生的耐力素质。

游戏准备：空场地一块，画两条相距30米的平行线，作为起点线和终点线，标志物若干。

游戏方法：

（1）将学生分成人数相等的若干组，运动能力强的在前，运动能力弱的在后，依次排成纵队站在起点线后。

（2）教师发令后，排头同学从起点跑到终点绕过标志物，跑回起点与第二人手拉手再跑向终点，绕过标志物后再跑回起点，然后变成三人一起。依此类推，直到整支队伍都手拉手跑完，最先全跑完的组为胜方。

游戏图示：

游戏规则： 返回起点的人必须绕过终点的标志物，在跑的途中不得将手松开。

注意事项： 各组采取合理的便于跑动的牵手方法，注意安全，避免摔倒。

7. 手足球

游戏目的： 发展学生的耐力素质。

游戏准备： 橡胶实心球若干，障碍物4个，长8米、宽4米的平整场地一块，场地两端各放置两个障碍物，作为球门，场地中间画一条线作为中线。

游戏方法：

（1）将学生分成两个小组，每个小组为5人。

（2）教师发出指令，从中线开始，用手滚拨一只橡胶实心球，滚进对方门内就可得1分。但是在此过程中，球体不能离开地面，脚也不能触碰到球。一场游戏限时3分钟，出界换对方发球。哪个小组获得的分数多，哪个小组获胜。

游戏图示：

游戏规则：尽量控制好球，不得用脚触球，球不得离开地面。

注意事项：注意身体接触，避免冲撞。

8. 传接球上篮

游戏目的：发展学生的耐力素质。

游戏准备：篮球若干，篮球场地一块。

游戏方法：

（1）学生两人一组，站在篮球场的底线中间。

（2）教师发令后，两人跑三步一传球，相互之间互相传球接力，当到篮下时，投篮时机好的人把球投进篮筐。这样反复进行。时间为5~10分钟。

游戏图示：

游戏规则：两人传球时，传球间距为2~5米，不宜过宽或过窄。

注意事项：传球时，传球人尽量把球传到接球人胸前位置。

9. 障碍跑接力

游戏目的：发展学生的耐力素质。

游戏准备：50米跑道两条，高度50厘米的栏架10个，在每条跑道上间隔10米放置5个栏架。

游戏方法：

（1）将学生分成人数相等的两组，成纵队站在起跑线后。

（2）教师发令后，两组排头依次越过栏架，越过栏架姿势不限，但是不能绕过，必须从栏架上面过去，然后回到起点与第二位同学击掌，第二位同学继续按第一位同学的过程跑，直至整组全部做完。先做完的组为胜方。

游戏图示：

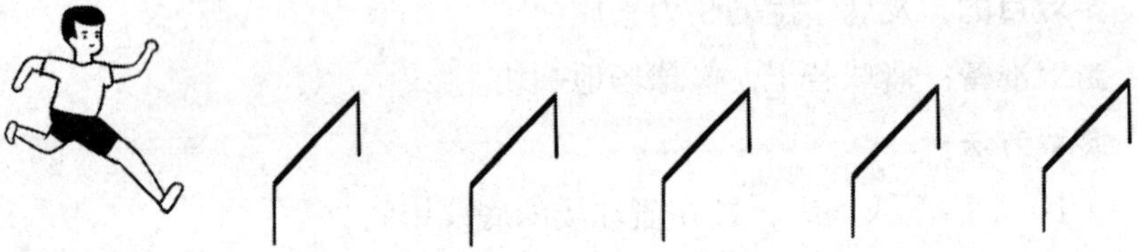

游戏规则：必须越过栏架，不能绕过。

注意事项：过栏架时要小心，避免绊倒。

第四节　柔韧类

1. 人体呼啦圈

游戏目的：发展学生的柔韧素质。

游戏准备：室内场地一块，瑜伽球两个。

游戏方法：

（1）将学生分成人数相等的两组，每组同学围成一个大圈，相邻两人间隔半米，然后坐下，由每组一名同学双腿夹紧球，身体后仰，腿伸直把球放到空中，依次接力传递给下一名同学，直至此球又传回到第一名同学为一圈。

（2）在2分钟内，接力圈数多的组为胜方。

游戏图示：

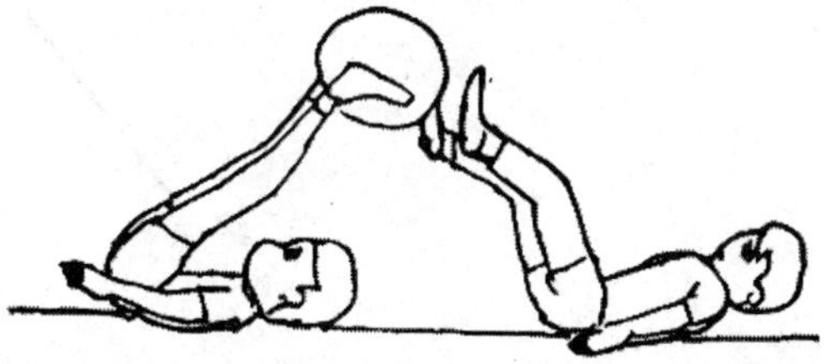

游戏规则：接力过程中，球不能掉落地上，不能用手去触碰球，否则接力无效，重新开始。

注意事项：逐个进行，把球传到位。

2. 炸药

游戏目的：发展学生的柔韧素质。

游戏准备：气球若干个。

游戏方法：

（1）学生三人一组。每组拥有一个气球，里面的气体吹到整个气球最大容量的四分之三便可。将气球放到三人中间，气球高度和三人的腰大抵相当，三人固定住气球后手松开，在起点处做准备。

（2）教师发令后，三人从起点走到终点，并在终点挤破气球。先做完的一组为胜。

游戏图示：

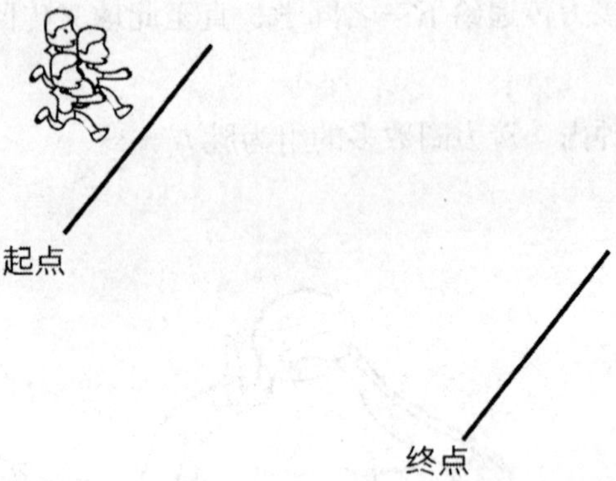

游戏规则：

（1）三人夹住气球，不能使气球落地，终点必须挤爆气球，下一组才能开始。

（2）中途气球落地，捡起来后从气球落地的地方开始，中途走直线，不得走曲线。

注意事项：行走过程中，气球要夹紧，三人要默契做好配合。

3. 跳纸绳

游戏目的：发展学生的柔韧素质。

游戏准备：50~60厘米的长纸绳若干，空场地一块。

游戏方法：

（1）学生各持一根长纸绳，将两端绕在手指上。

（2）教师发令后，学生双脚跃过长纸绳后，再自后跳回。如此反复不断，直至有一人绳断落。若长时间僵持不下，则应渐减纸绳的长度，以较高下。

游戏图示：

游戏规则：不得妨碍对方的动作，造成对方纸绳坏掉；双脚必须从纸绳上跳过。

注意事项：自身动作要协调、轻柔，以防绳过快断落。

4. 抱脚走接力

游戏目的：发展学生的柔韧素质。

游戏准备：平整的场地一块，在场地上画相距20米的两条线。

游戏方法：

（1）将学生分成人数相等的两队，成纵队站在起跑线后。

（2）听到"开始"的口令后，各队排头弯腰，两腿伸直，并用两手分别抱住两脚踝向前迈步行走。到终点后返回走向起点，与第二名同学拍手，第二名同学以同样的动作前进，直到最后一名同学返回起点。最先走完的队为胜方。

游戏图示：

游戏规则：

（1）两手要握住脚踝，两腿伸直，途中可以直立身体，但直立时不能前行。

（2）与下一名同学之间要拍手以示下一名同学开始。

注意事项：游戏开始前应尽量活动开身体，以免拉伤。

5. 实心球接力

游戏目的：锻炼学生的颈部柔韧性，充分调动学生的积极性。

游戏准备：空场地一块，实心球两个。在场地上画相隔20米的两条线，作为起点线和终点线。

游戏方法：

（1）将学生分成人数相等的两组，成纵队站在起点线后，排头将实心球放置到右肩上，头向右扭将实心球夹住。

（2）游戏开始，排头带球向前跑，跑到终点将实心球换到左肩上往回跑，然后给下一位同学，依次进行，直到最后的同学带球跑回。先完成的组为胜方。

游戏图示：

游戏规则：实心球在跑的过程中要一直在肩上，若中途掉球，捡起球放到肩上从掉球点继续前进。

注意事项：游戏前充分热身，游戏中不得妨碍对方的前进。

6. 螃蟹追逃

游戏目的：发展学生的柔韧素质及速度素质。

游戏准备：短跳绳若干，平整场地一块。

游戏方法：

（1）学生两人结成一对，背向而站，腰部系上一根短跳绳，组成一只螃蟹。

（2）教师选一对为追者，其他的都为逃者。教师发令后，即开始追逃，追者一旦拍及逃者，即可互换角色。

游戏图示：

游戏规则：所有人必须在规定界线内，不得出边界。

注意事项：追者要协商好锁定目标，避免方向不一致导致摔倒，被追者要灵活躲闪。

7. 空中抓脚趾

游戏目的：发展学生的柔韧素质。

游戏准备：平坦场地一块，秒表若干。

游戏方法：

（1）将学生分成每组4人的若干小组，教师说“预备”的时候，大家做好准备。

（2）教师发出指令，游戏开始，学生双脚起跳，双手抓脚趾，抓到一次，则得1分。限时3分钟，抓到多少次，就计多少分。4人得分相加，得分最高的小组获胜。

游戏图示：

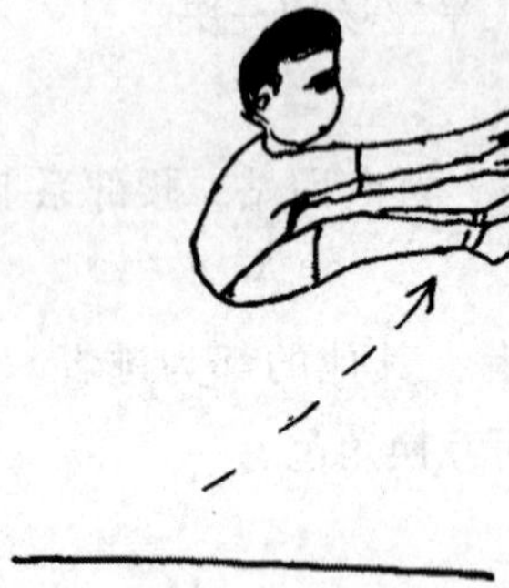

游戏规则：

（1）不限制跳的高度，但是双足都要离开地面，双手要一起抓双脚脚趾，落地的时候要双脚共同落地。

（2）双手只摸到脚面不计成绩。

注意事项：游戏前做好热身准备，以防拉伤。

8. 呼啦圈接力

游戏目的：发展学生的腰部力量和全身的柔韧性。

游戏准备：呼啦圈两个，平整场地一块。

游戏方法：

（1）全部同学分成人数均等的两组，两组成纵队站在起跑线后。

（2）教师发令后，两组第一个同学分别用身体腰部转着呼啦圈，走向终点。回来的时候，倒转呼啦圈走回来，然后将呼啦圈交给下一个同学，下一个同学继续，直至每组同学全部做完。先完成的组为胜方。

游戏图示：

游戏规则：

（1）行走过程中，呼啦圈不能落地，落地即从原地重新开始。

（2）手不能抱着呼啦圈走。

注意事项：要注意协调用力，避免呼啦圈脱落。

第五节　灵敏类

1. 系足双打羽毛球

游戏目的：发展学生的灵敏素质，锻炼两人之间的协调配合能力。

游戏准备：羽毛球场地两块，羽毛球若干，羽毛球若干，1米长的绒布带若干。

游戏方法：

（1）全部同学分成两大组，分别在两块羽毛球单打场地中进行游戏。游戏中两人为一组，内侧脚踝用绒布带系紧，两两一组，进行双打比赛，先获得6分的一组为胜利的一方。

（2）然后赢的一方继续在场上，输的一方换另一组上场比赛，直至每个场地决出一组胜者，两组场地进行最后的决赛，胜利者为冠军。

游戏图示：

游戏规则：参照羽毛球单打规则，先得6分者为胜。

注意事项：两人要配合默契，避免摔倒和跑动不协调。

2. 骑马篮球赛

游戏目的：发展学生的灵敏性，提高学生的快速作战能力。

游戏准备：篮球场地一块，篮球若干。

游戏方法：

（1）学生8人一组，2人当马，2人充当骑手角色，骑在“马”上，剩余4人属于传球手。

（2）教师发出指令后，学生按照篮球规则，在篮球场中进行比赛。传球手只负责接球、传球，骑手负责投篮。

（3）骑手投篮的时候，必须要在“马”的身体上进行，在“马”散架情况下投篮，即使投中也不算成绩。游戏时间为8分钟，投篮得分最多的组获胜。

游戏图示：

游戏规则：参照篮球比赛规则，投篮必须由骑手完成，其他人只能传、接球。

注意事项：比赛中“马”不得散架，双方攻防要及时。

3. 奔向小康

游戏目的：发展学生的灵敏素质。

游戏准备：

（1）眼罩若干，平整场地一块，画圈用的粉笔若干。

（2）在场地上画一条起点线，在起点线相距15米处画圆圈，直径为2米。

游戏方法：

（1）两人一组，甲方戴上眼罩，在起点线的位置，原地转3圈，再走向圆圈。乙方紧随其后，避免他人撞到甲方，也避免甲方撞到他人，但是不能为甲方提供任何指路的信息。甲方感觉进入圆圈后摘下眼罩。

（2）甲乙两人都戴眼罩，观察目标后，原地转3圈，牵着手凭感觉走到圆圈中，摘下眼罩。

（3）4人戴上眼罩，重复上述动作。最后12人戴上眼罩，重复上述动作。甚至还可以采用倒退走路的方式，走到圆圈中。

游戏图示：

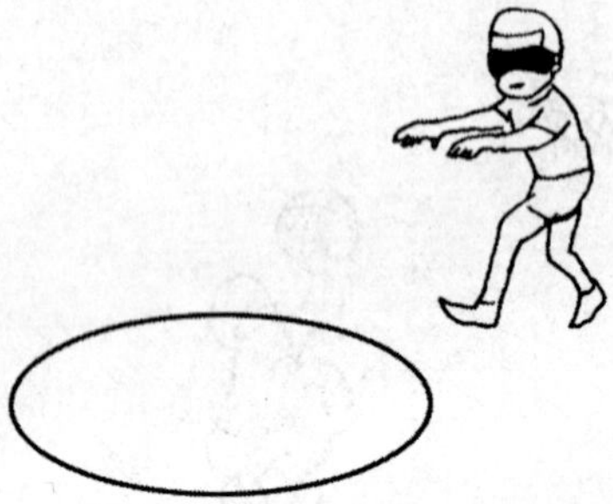

游戏规则：游戏进行中不能脱掉眼罩，直至感觉快到终点了才能脱掉，每人有两次机会到达终点，即中途可以脱掉一次眼罩。

注意事项：在行走过程中要掌握好平衡，重心要稳。

4. 跳流星

游戏目的：锻炼学生的灵敏素质和跳跃能力。

游戏准备：呼啦圈一个，长约8米的绳一条。

游戏方法：

（1）学生围成一个直径为6米的圆圈，教师选出一人站到圆圈中心，圈中人手持用绳系的呼啦圈，手臂压低，做顺时针或逆时针转动，可快可慢。

（2）呼啦圈经过学生脚下时学生要跳起，不可碰到呼啦圈，否则游戏失败。失败的人和圈中的人互换位置，圈中人参与游戏。

游戏图示：

游戏规则：呼啦圈经过脚下时，要跳起，不准刻意跑远躲避。

注意事项：注意脚下的安全，反应要快，跳得要有弹性，滞空时间尽量长，避免因踩到呼啦圈而摔倒。

5. 抢球追人

游戏目的：锻炼学生的灵敏素质和快速奔跑能力。

游戏准备：空地一块，排球若干。

游戏方法：

（1）全体学生围成一圈，每人手持一球。教师选一学生沿圈外奔跑，奔跑者可以随时在持球人不备时，从其手上抢球后继续奔跑，被抢人立即追赶。

（2）被抢人在到原位之前追上跑者，则抱球回到原位，抢球人继续抢球；未追上，跑者（抢球人）占据追者（失球人）空位，追者改为抢球人，再去抢别人手中之球。

游戏图示：

游戏规则：不论是跑者还是追者，都必须沿顺时针方向奔跑，不得离开圆圈1米以外。

注意事项：遵守游戏规则，注意不要被击落的球绊倒。

6. 呼号传击

游戏目的：发展学生的灵敏素质和反应能力，提高掷球的准确性，增强小组合作能力。

游戏准备：篮球场地一块，篮球若干。

游戏方法：

（1）将学生分成人数相等的若干组，每组从排头报数，成员要记得自己的号码。

（2）第一组学生进场，面向篮板，以横队的方式站在罚球线后面。

（3）教师发出指令，将球抛起碰到篮板的时候，喊某一号数，该号数的学生抢篮板球，其他学生奔向中线。拿到篮球的学生，掷向奔跑的学生，被击中的学生暂停游戏，到篮球场边线外的地方等待。然后是第二组、第三组……不断轮换进行。

游戏图示：

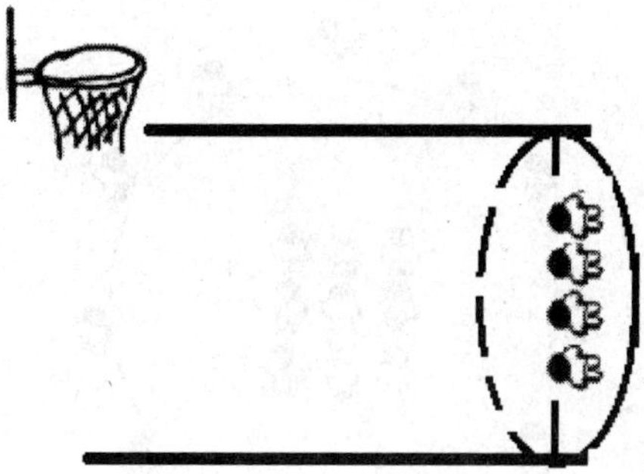

游戏规则：

（1）投掷篮球的时候，只能投掷腰部之下位置，避免学生受伤。

（2）投掷篮球的学生，只能够在原地投掷，不得移动位置。

（3）跑者只能跑向中线，不能跑到边线外，否则违规，减少一次参加游戏的次数。

注意事项：游戏中注意安全，避免发生碰撞，篮球注意不要击向同学的头部。

7. 扔乒乓球

游戏目的：培养灵敏、协调、反应的能力及投接的准确性。

游戏准备：乒乓球若干，场地一块。

游戏方法：

（1）按照游戏人数和学校场地，在平坦的场地中寻找一块相应面积的长方形或圆形，将学生分成甲乙两队。甲队站在活动区外，乙队任意分布在活动区内。甲队队员用乒乓球掷向乙队队员，乙队队员可以在活动区内奔跑躲闪，也可以在空中接住乒乓球。被击中者为“伤员”，要暂时停止游戏，到活动区外等待。

（2）乙队队员接住乒乓球，便可以叫一名“伤员”继续参加游戏，如果没有“伤员”，则可以作为预备分数，到乙队队员全部被击中时，或者到规定的游戏结束时间，甲乙两队交换位置，继续进行。

游戏图示：

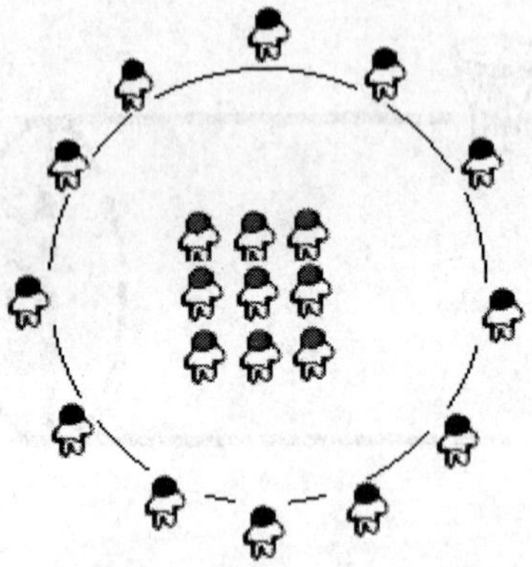

游戏规则：

（1）游戏过程中，乙队队员要在规定的范围内奔跑，不可踩线越线，甲队队员只能投掷乙队队员头部之下的身体位置。

（2）乙队队员接乒乓球的时候，如果并未接住，这样的情况算甲队成功击中。

注意事项：根据球的来向躲避和接球，注意安全，避免因躲避而发生碰撞。

8. 步法移动

游戏目的：提升学生的灵敏素质和反应速度，让学生掌握一定的步伐移动技术。

游戏准备：篮球场地一块。

游戏方法：

（1）教师指导学生以体操队形的方式站好，然后两脚开立，膝盖弯曲，降低身体重心，脚跟抬起，两手张开，成篮球防守预备姿势。

（2）学生根据教师的手势，做出相应的动作。比如教师的手左右摆动，学生就要做身体左右移动的动作；如果教师的手前后摆动，则学生就要做身体向前后滑步的动作。

游戏图示：

游戏规则：跟不上节拍或者方向做错的学生，要接受惩罚，比如表演简单的节目等。

注意事项：

（1）可以进行事前练习，等学生熟练之后，可以提升动作速度，或者几个手势连起来，增加动作难度。

（2）可以规定做相反动作的技术，也可以通过其他信号替代手势，比如用不同的哨声代表不同的动作要求。

（3）可以采用比赛的形式，强化学生的竞争意识。

9. 巧攻营地

游戏目的：提升学生的灵敏素质，强化学生的防守、摆脱防守能力。

游戏准备：在篮球场中线上间距2米摆放4个篮球，作为双方共同的营门。

游戏方法：

（1）将学生分成两个小组，每个小组人数相同，营地一分为二。两个小组以猜拳的方式确定攻守方，且各自选出一个人，站在中线后面的本小组营地中。

（2）进攻方利用变向跳、虚晃等假动作，摆脱对方的防守，攻入对方营地，成功进入，则获得1分；如果被对方拍到，则防守方获得1分。

（3）进攻方所有成员都做一次进攻之后，两个小组互换身份，获得分数最多的小组获胜。

游戏图示：

游戏规则：

（1）进攻方从营门进入对方营地才能得分。

（2）防守方不能越过营地拍攻击方，否则算违规，不计分。

（3）对于明显进入防守方营地的进攻方，防守方就不得拍进攻方，此时进攻方获得分数。

注意事项：此游戏需一定技术基础，游戏中要注意安全。

10. 阻击来球

游戏目的：发展学生的灵敏素质，提高学生的传球速度。

游戏准备：篮球若干。

游戏方法：

（1）8~10人一组，每组围成一个圆圈，并选一人站在圈外。

（2）游戏开始，圈上人互相做传球练习，圈外人则随球移动，看准时机，在某一人接到球但还未传出之前，用手击他的肩膀，击到后两人交换位置，游戏继续进行。

（3）圈上人应尽量快速地将球传出，使球在手中停留的时间极短，以防被圈外人击到。

游戏图示：

游戏规则：

（1）圈上人传球失误、接球脱手落地均为犯规，应与圈外人交换。

（2）圈外人必须击到球正在手中者的肩膀算有效，在球已出手或尚未接到球时击拍无效。

注意事项：可增加圈外人数，也可增加篮球数，注意不要被球砸到。

小结

水平六阶段相当于大学1~4年级，这一阶段学生的年龄为19~23岁。大学生身体各组织、器官结构、系统功能等方面都趋于完善。从体型来看，身高、体重、胸围等方面的生长发育逐渐减缓，身体处于相对稳定的阶段，这是人类生命力最旺盛的时期。由于性激素的作用，机体这一阶段的变化表现为：肌纤维变粗，肌肉的水分减少，蛋白质、脂肪等含量增加，肌肉的弹性和伸展性增强，力量增强，心血管系统、呼吸系统得到发展，神经系统兴奋和抑制过程达到平衡，运动技能和适应能力增强。总的来说，大学生的运动能力达到一个高峰状态，能够承受运动所给予的身体刺激。

根据现阶段学生身心发展的特点，体育游戏的选择应能吸引大学生的兴趣。体育游戏能给大学生带来某种刺激，这些刺激都会产生一定的效果痕迹，而持续的刺激会产生痕迹的积累。这种积累使身体结构和功能产生新的适应，体质将不断增强。教师应根据大学生的需要，采用多种体育游戏手段和方法，并结合时尚性和健康措施，以达到强身健体、调节精神、丰富文化生活、控制闲暇时间的目的。

本章的速度类、力量类、耐力类、柔韧类、灵敏类的体育游戏，通过改编适合大学体育教学内容，这些游戏有效增强了运动系统的准确性和协调性，使学生能够有条不紊地完成各种复杂的动作。适当的力量训练可以有效地锻炼关节周围的肌肉，防止关节周围的肌肉、肌腱和韧带受伤。体育游戏能带来积极的心理和情感体验，对大学生心理和情感的改善不仅有短期的影响，还存在长期的影响。

参考文献

[1] 杜林. 浅谈体育游戏教学的功能[J]. 读书文摘，2014（24）：160.

[2] 林君薇. 体育游戏论[J]. 体育文化导刊，2009（10）：103-105.

[3] 孙业军. 浅谈球类运动游戏的特点、价值及运用[J]. 文体用品与科技，2019（2）：8-9.

[4] 滕爱弟，黎伟. 浅谈体育游戏的特点及其在体育教学中的作用[J]. 熊岳农专学报，1998（1）：3-5.

[5] 杨飞. 论体育游戏与篮球教学[J]. 康定民族师范高等专科学校学报，2009（4）：106-108.

[6] 郭雪梅. 西北地区学校应该开设软式排球的教学[J]. 甘肃政法成人教育学院学报，2006（2）：133-134.

[7] 冯健. 体育游戏与运动训练[J]. 科技资讯，2006（2）：53-54.

[8] 赵传胜. 山东省临沂市农村中学开展体育游戏现状调查与对策研究[D]. 北京：首都体育学院，2011.

[9] 任忠芳. 体育游戏的作用、特点及注意事项[J]. 中国新技术新产品，2010（12）：241.

[10] 周威. 体育游戏的特点及实践应用[J]. 丹东纺专学报，2001（4）：57-58.

[11] 颜世刚. 浅谈体育游戏的特点及在体育教学中的运用[J]. 贵州体育科技，2004（1）：74-75.

[12] 胥小妮. 游戏型标枪教学法在运动系本科田径普修课中的实验研究[D]. 西安：西安体育学院，2013.

[13] 姚德康，陈胜龙. 体育游戏在小学田径教学中的应用探析[J]. 运动精品，2018，37（2）：38-39.

[14] 魏春生. 我国体育游戏的起源和发展[J]. 伊犁师范学院学报（社会科学版），1995（4）：61-69.

[15] 杨国强. 体育游戏在体育与健康课堂教学中的功能探讨[J]. 湖北体育科技，2005（3）：406-408.

[16] 阳喜. 体育游戏在体育教学中的作用探析[J]. 现代商贸工业，2012，24（4）：189-190.

[17] 赵增明. 体育游戏在中学体育教学中的运用[J]. 科技信息，2010（34）：325.

[18] 李海涛. 高校公共体育课之快乐体育教学模式的构建——从体育游戏角度出发[J]. 佳木斯教育学院学报，2013（11）：420-422.

[19] 王曰美. 中国儒学与韩国社会[M]. 北京：学习出版社，2019.

[20] 姜付高. 我国滨海体育旅游带资源评价与可持续发展研究[M]. 北京：北京师范大学出版社，2017.